Anden i lampan

~

Frigörelseprocessen - kort version

Charlotte "E" Andersson

Automatiserad teknik vilken används för att analysera text och data i digital form i syfte att generera information, enligt 15a, 15b och 15c §§ upphovsrättslagen (text- och datautvinning), är förbjuden.

Förlag: BoD · Books on Demand, Stockholm, Sverige
Tryck: Libri Plureos GmbH, Hamburg, Tyskland

ISBN: 978-91-8080-131-7

Innehåll

Förord 7

INLEDNING 9

Anden i lampan 11

Din person 11

Den inre dialogen: ditt Rätta Jag - ditt Ego 16

Föreställningar 25

Tid 35

Rädsla 40

Ångest 50

Vägen framåt 60

Frigörelseprocessen 64

Förlåtelse 66

Älskad, trygg och hållen 68

Ä.L.S.K.A.D. 69

A.N.D.A.S. 79

Egna processer 86

Det ultimata testet i IRL 92

Slutkommentarer 95

FÖRORD

Har nu under arbetet med min bok "Tänk om .../! ~ En analogi för läkning på alla plan mentalt, emotionellt, fysiskt" tagit en liten paus för att skriva en lite kortare förenklad handbok i hur man kan jobba med sig själv för att börja må bättre. Det är en kortare redogörelse som jag tror kan vara bra för de som inte orkar, kan eller vill läsa en längre text, eller som vill komma igång snabbare med sin traumabearbetning då läget kanske är en aning kritiskt.

Då jag själv har gjort resan från sjukskrivning via utmattning och depression, och sedan tillbaka till ett helt nytt liv och några års studerande av personlig utveckling i ett vidare perspektiv, så känner jag att det är dags att stötta andra. Vikten av att inse att vi inte är ensamma någonsin och alltid älskade för exakt de vi är i varje Nu är oerhört viktigt och ett budskap som måste komma ut.

Vi har alla under vår levnad, om det så endast bara handlar om ett tjugotal år eller till och med mindre, redan byggt upp en personlighet som inte är genuint överensstämmande med de vi innerst inne är. Vår personlighet speglar inte vår inre essens och det är utforskandet av vad som skiljer denna fiktiva figur från den riktiga sanna identiteten som givit mig en klarhet i hur saker egentligen är beskaffade, hur världen och universum i stora drag fungerar och hur vägen tillbaka till att leva som sitt Sanna Jag kan se ut.

Att det går att leva autentiskt utan att upprätthålla ett antal roller i olika sammanhang och sluta döma mig själv och andra blev ett uppvaknande som kom sig av att jag började släppa upp instängda energier/emotioner/känslor och på så vis transformera ett antal falska och begränsande föreställningar jag hade om mig själv och omvärlden. Tror man att man är obetydlig, icke älskvärd eller inte duger som man är så blir livet en kamp som man inte kan vinna. Att förstå att man istället alltid är perfekt i alla avseenden (japp, så är det vilket du kommer få veta hur och varför), har exakt samma värde som alla andra samt alltid är älskad oavsett vad man kan eller hur man ser ut, är Aha-upplevelser som förändrar ALLT.

Att finna vem man är och vad meningen är med hela existensen är ovärderlig visdom som kommer av att man faktiskt själv måste erfara och uppleva just denna väg från att leva i missförståndens inskränkta och kärleksfattiga värld, till att via förändrade tankemönster och bearbetandet av instängda emotioner kunna leva medvetet och på så vis skapa den verklighet man föredrar att leva i.

Många Aha-upplevelser önskar jag dig som läsare och säger grattis redan nu, då det faktum att du läst detta förord från början till slut är bevis på att du har blivit vägledd till detta och har då redan påbörjat din resa mot ett friskare, gladare och mer kärleksfullt liv.

All kärlek till dig,
Charlotte "E", juli 2024

INLEDNING

Först och främst vill jag tala om för dig att du är helt perfekt som du är. Det är inget fel på dig varken fysiskt eller mentalt. Tvärtom! Har du en kropp som visar symptom av något slag så är det bara en frisk reaktion på att något inte stämmer riktigt med hur du tänker och lever i förhållande till hur ditt rätta jag/ ditt Sanna Jag önskar att du tänkte och levde. Har du mentala problem och inte känner dig lycklig och tillfreds så är det också bara friskhetstecken på att du i alla fall uppmärksammat att du inte mår bra och att du nog borde göra något för att nå ett bättre mående. Att du dessutom läser denna text är ett bevis på att du nu är redo att åtminstone fundera över om du vill ändra på någon av de nämnda orsakerna till dina symptom. Fortsätt läsa och se om du blir sugen på att lära känna ditt Sanna Jag, den du egentligen är bortom din personlighet som idag tagit över ditt liv. Din inre sanna essens som handlar om vad du kom till jorden för att uttrycka som en egen individ. Ditt Sanna Jag vet allt om din inre essens plus vilka äventyr du behöver uppleva för att komma tillbaka till förmågan att leva som just din inre essens och kunna delge ditt sanna uttryck. Du har behövt uppleva saker för att lära dig och expandera ditt medvetande, och nu genom att se detta sker expansionen och visdomen kommer till dig. Det är alltså dags att återförenas med den du i sanning är bortom masker och roller där kärleken till dig själv är självklar. Att döma sig själv handlar i botten om en rädsla att bli dömd av andra och att man tror på föreställningar om en själv som inte är sanna. Det handlar om missförstånd, och när du inser detta och att du alltid varit oskyldig och alltid gjort och gör ditt bästa så kan du inte annat än älska dig själv. Du är en unik pusselbit i universums gigantiska pussel. Ingen annan kan ta din plats och utan dig blir inte bilden komplett.

Att leva autentiskt blir en helt ny upplevelse och du kommer inte att ångra dig då en ny värld öppnar sig för dig, och Aha-känslan som kommer med dina insikter kommer att öppna upp ditt hjärta både för dig själv och för andra på ett helt nytt sätt.

Lycka till!

ANDEN I LAMPAN

Här kommer nu först en beskrivning av hur du kan se på din person. Vem är du? Är du din personlighet eller din identitet? Sitter ditt psyke ihop med din kropp på något sätt eller är det helt separata delar?

Din person

Du har en fysisk kropp, en känslokropp och en mental kropp. Det finns fler men kunskap om dessa tre, samt en fjärde som vi kommer till strax, räcker för syftet med detta arbete. Den fysiska kroppen är det som du känner som ditt påtagliga jag, det som du med dina sinnen använder för att ha dina upplevelser i livet rent fysiskt med. Den går att ta på och den smärtar om den drabbas av sjukdom eller utsätt för "för hårda tag" på något sätt. Den mentala kroppen är det system som hjärnan använder sig av för att tolka alla kroppens signaler och skapa sig en bild av vad som sker, inte minst för att kunna hindra att saker som inte känts bra upprepas igen. Det är framförallt RAS (Retikulära Aktiveringssystemet) och ditt Ego som sköter detta arbete tillsammans med nervsystemet som fungerar lite som en bro mellan den fysiska kroppen, den mentala kroppen samt känslokroppen som jag kommer till strax. Upptäcka faror och minnas vad som hänt tidigare är viktigt för RAS och Egot. Vår hjärna väljer hela tiden att fokusera på det som är viktigt för oss och oftast med avsikt att skydda oss från faror. Det är därför vi är så bra på att se ansikten i saker som exempelvis bilar och andra mönster som egentligen inte är ögon, näsa eller mun. Den tredje kroppen är känslokroppen. Den står för att signalera *hur* saker upplevs helt enkelt och då inte bara rent fysiskt utan även psykiskt. Känns något bra eller obehagligt. Egot använder känslor, minnen och tankar för att få signaler om vad vi upplever som otäckt, smärtsamt eller trevligt, men oftast med fokus på vad vi känner som mindre bra och gärna då vill undvika mer av i vårt liv. Egot har på detta sätt byggt upp en personlighet som tror sig veta vilka vi är utifrån just dessa ställningstaganden. Jag återkommer strax till hur Egot fått oss att misstolka våra känslor och vad de egentligen ska hjälpa oss med som kommunikationsmedel för vårt Sanna Jag. En kommunikation som idag i stort sett är helt bruten utom när vi någon gång kan ha en magkänsla om att något inte är som det ska eller vår intuition säger oss att lita på att något ska gå vägen.

Vill man så kan man se dessa kroppar som ryska dockor som står i varandra och de befinner sig på olika frekvensband ungefär som tv-kanaler. När vi är fokuserade i en kanal kan vi inte ta in de andra, med undantag av att känslorna fungerar lite som ett kommunikationsmedel mellan kropparna/dockorna/kanalerna. Tror man att man bara är en kropp och att det vi ser och upplever med våra sinnen är allt som finns så är man på en lägre frekvens/medvetandenivå än om man kan ta in att livet har en högre mening oavsett hur man tror att den meningen ser ut. Det handlar alltså om att den del av vår kapacitet som skiljer oss människor mest åt från djuren. Vi kan tänka symboliskt men även fundera på vårt syfte med att leva och om det alltså kan tänkas finnas ett högre syfte med hela jordens och mänsklighetens existens. Man kan se detta lite som andlighet om man då syftar på att vi som individer söker svar på frågor som ligger bortom den faktiska verkligheten som upplevs med våra sinnen, ofta kallat det transcendenta. [Andlighet handlar om individens filosofiska funderingar och ställningstaganden kring meningen med livet om man jämför med religion som är mer en social konstruktion och en organiserad guidning ofta *av*, men framförallt **för** ett kollektiv. Att jobba med sin personliga utveckling som vi gör här har alltså lite av andlighet i sig, eller i alla fall brukar frågeställningar om meningen med ens existens komma upp under resans gång och sedan kan man ju kalla det vad man vill. Att det dessutom blir en hel del fysik är oundvikligt då det handlar om att lugna Egot och ge det den bevisning det behöver för att kunna släppa taget lite.]

Vårt fokus styr hela tiden var vi befinner oss i medvetandegrad, eller snarare vårt medvetande styr var vi lägger vårt fokus. Detta fluktuerar (varierar) hela tiden och vi påverkas av vad som sker i kring oss. Frekvensbanden är dock också breda och innehåller mycket information samt ligger dessutom på olika nivåer beroende på hur medvetna vi är. Att inte veta om att man är mer än sin kropp och eventuellt sina tankar gör att man bara kan fokusera på de tankar man har i stunden och är då inte förmögen att till exempel kunna påverka vad man tänker, eller styra över ens eget mående. När du nu läser om detta så höjs ditt medvetande då du får en ökad förståelse av hur saker egentligen fungerar. Att du kan iaktta dina tankar och således måste vara "någon annan" blir din första Aha-upplevelse (om du nu inte redan haft den insikten så klart). Att din verklighet styrs av det du sänder ut, det vill säga ler du mot grannen så ler hon tillbaka, kan bli din andra Aha-upplevelse och något du ska få läsa mer om strax. Din frekvens kommer att höjas vartefter du läser och det blir lättare att ta in hur din kontakt med ditt Sanna Jag ser ut, och även en fjärde insikt kommer dessutom som säger att denna kontakt redan är upprättad.

När du börjat jobba med dig själ genom Frigörelseprocessen kommer du också efterhand att få mer och mer tillgång till ditt eget ljus/visdom. Detta ljus är ditt Sanna Jag och befinner sig i medvetande på de högre frekvensbanden (över den mentala kroppen, men är även fullt medvetet och involverad i all tre kropparnas sfärer), och det vet allt om dig och hur din väg framåt på bästa sätt kan utformas. I nuläget är du troligtvis helt ovetande om dess existens varför du alltså befinner dig på en lägre frekvens och medvetandegrad. Det kommer dock nu att börja sippra igenom ljus ner igenom dina kroppar och till slut kommer ditt fält och dina kroppar att ha smält samman till en enda stor transparent helhet. [Kursiv text som denna kommer jag att lägga in lite då och då i boken. Det är information som vidareutvecklar någon tanke eller ger lite mer kött på benen för den intresserade. Jag önskar dock att du läser även dessa texter åtminstone en gång då de ger möjlighet till en ökad förståelse och vidgade vyer. De är kursiva då de kanske inte direkt följer rubriken eller flödet i övrig text.]

Förutom dessa viktiga funktioner har vi en fjärde del/kropp som faktiskt är den absolut viktigaste för våra liv fast vi alltså i regel inte ens är medvetna om dess existens. Den finns på alla frekvensband men du är, som jag nämnde ovan, inte medveten om dess existens. Du kan se det som den del av dig som kan iaktta dina tankar och få dig att fråga dig "Varför tänkte jag så?". Om du blundar och försöker att inte tänka på något alls, så kommer det ändå ganska snabbt upp tankar. Det kan vara just tankar om att "nu måste jag fokusera så att inte tänka på något". Kanske kommer det upp en tanke om vad som väntar i eftermiddag när din mamma kommer på besök eller helt enkelt en tanke om att nu måste du fokusera bättre så du inte misslyckas med ännu en uppgift. Sker detta så är det ditt Ego som är där och ska försöka se till att du klarar uppgiften, och den gör detta utifrån ett dömande perspektiv och ofta med åsikter om att du brukar misslyckas med saker etc. Den som nu iakttar detta scenario med Egot och tankarna är ditt Rätta Jag. Ditt Rätta Jag som är en del av Ditt Sanna Jag. Ditt Sanna jag som är ditt genuina jag. När du skrattar och är kreativ så är du genuin och i harmoni med ditt Sanna Jag. Eller när du gör något du älskar som får dig att tappa tid och rum.

Ditt Sanna Jag dömer *aldrig* dig då han/hon vet att vilken väg du än väljer att gå så kommer du att få de upplevelser du behöver för att växa som individ och i ditt medvetande. Ett medvetande som växer med erfarenhet vilket ger visdom, till skillnad från kunskaper vi lär oss från att läsa om vad andra erfarit och anser som sanningar. Ditt Sanna Jag är likt Aladdins Ande i lampan den som också ser till att du får det du behöver i livet. Inte alltså vad du kanske medvetet önskar så här i början av din resa, utan vad du verkligen behöver i form av utmaningar för att nå dina innersta drömmars mål. En liten paradox, men det kommer att klarna om du läser vidare.

Det som kan vara lite klurigt att förstå är detta med att din medvetandenivå (frekvensnivå) bestämmer hur mycket av ditt Sanna Jag du kan nyttja till vardags. Det vill säga hur pass utvecklat ditt Rätta Jag är. I meditation har du möjlighet att komma i kontakt med, och känna in, de högsta delarna av ditt Rätta Jag vilket då är ditt Sanna jag, men i vardagen får du börja med att just se hur Du och ditt Sanna Jag (likt Anden i Aladdins lampa vilket jag återkommer till strax) är två vitt skilda entiteter/individer där Du är i mångt och mycket detsamma som ditt Ego (din personlighet). Det är medvetandet kring er bådas existens som först ska åskådliggöras för dig, och sedan genom att du frigör dig från dina falska föreställningar kommer ditt medvetande att höjas mer och mer, vilket ger dig mer och mer tillgång till ditt Sanna Jag och dess visdom. Ditt Rätta Jag kommer alltså att utvecklas och gå från att vara ETT med ditt Ego till att bli densamma som ditt Sanna Jag.

Ditt Sanna Jag är så att säga den del av dig som alltid finns närvarande och har järnkoll på vem du i sanning är, vad du kommit till detta livet för att uppleva, vad du egentligen har för innersta drömmar om att uppleva och vad som gläder din Själ ända in i märgen. Det är din Ande i lampan som när du fått lampan ren kommer att lyda order som kommer från dina medvetna önskningar istället för från dina undermedvetna rädslor och begränsande föreställningar (det vill säga din personlighet eller Egot).

Den inre dialogen: ditt Rätta Jag - ditt Ego

Ditt Rätta Jag är alltså det Sanna Jaget men alltid på den medvetandenivå du befinner dig just nu. Att kunna föra en dialog med Egot till vardags är ett oerhört bra hjälpmedel och faktiskt själva kärnan i detta arbete med din personliga utveckling. Det är mycket din förmåga att distansera dig från ditt Ego och det tänkande och det agerande som det styr, som blir inkörsporten till den fortsatta vägen hem till ditt Sanna Jag. Det lyfter ditt medvetande, som jag beskrev tidigare, samt ger dig förmågan att iaktta vad som sker med dig i olika sammanhang. Hur du känner och hur du agerar samt vilka tankar och känslor som styr ditt agerande. Du kommer snart få mer kött på benen när det gäller hur du kan förstå vilka processer som är igång under dina vakna timmar. Hur dina känslor är resultat av tankar som väcks beroende på vad du har för underliggande föreställningar om precis allt i din värld. Detta nätverk av föreställningar styr ditt liv, men är även en karta som dirigerar hur din framtid blir. Våra känslor skapar nämligen, hur konstigt det än låter, vår framtid. Hur du reagerar och tolkar det som händer formar det som ska komma sen. Hur du upplever din verklighet skapar din framtida verklighet. Ler du mot grannen så ler hon tillbaka. Sparkar du och blir arg på bilen när den inte startar så kommer troligtvis något mer gå sönder innan solen går ner. [Avslöja istället dina dömande tankegångar och ta av offerkoftan så bryter du den nedåtgående spiralen av olyckor.]

Ditt Rätta Jag är den du egentligen är innanför ditt Ego. Det är ditt Sanna Jag fast bara med den förståelse av vem du är här och nu. När du nu först inser att du inte *är* ditt Ego som bara vill skrämma dig och hålla dig vaken om nätterna så är ditt Rätta Jag nyfött och en fantastiskt stor händelse i ditt liv, och för varje litet steg du tar genom att motbevisa falska föreställningar du har om dig själv och transformera dem genom Frigörelseprocessen, så kommer du närmare och närmare dig själv, ditt Sanna Jag. Dina tre lägre dockor genomgår en metamorfos med hjälp av ditt Rätta Jag som du kan ge den skepnad du själv vill. Har du en förebild som du skulle vilja vara så sätt dig in i hur han eller hon känner sig när de utför saker. Gå in i hur det skulle kännas att vara dem när de är som bäst. Det är inte fusk utan det är faktiskt så det fungerar att skapa verkligheten. Tror vi att vi är små och obetydliga så blir vi det både i hur vi själva känner oss men även hur andra ser oss.

Öva alltså på att känna in hur du skulle vilja känna dig (eller känner dig när du känner dig kapabel och nöjd), men framförallt inse att du inte är ditt Ego som får dig att känna dig liten, arg, ledsen, obetydlig, tveksam, orolig och inte minst kraftlös. När du dömer dig själv eller andra så är det ditt Ego som styr detta. Du säger saker till dig själv som du aldrig skulle säga till en vän som du istället peppar och ger kärlek och omsorg. Det är din tur nu att få denna omsorg och inte minst den kärlek du saknat i hela ditt liv. En kärlek som du trott skulle komma utifrån. Detta är nämligen en av de allra största lögnerna vi trott på sedan födseln i stort sett då vi separerades från livmodern och kapades från både näring, värme och, vad vi trodde, även kärlek. När vi föds så känner vi en separation som är obeskrivligt smärtsam, och då vi i mångt och mycket är hjälplösa vad gäller vår fysiska överlevnad, så blev det att vi med tiden lärde oss att vi behövde anpassa oss för att få det vi behövde, och vi trodde att detta gällde även kärlek. Är jag inte snäll och omtyckt så blir jag utfryst och dör ensam.

Flikar in här att just detta att växa upp med osäker tillgång på kärlek kan bli så mycket mer förödande än många tror. Vår närmsta omsorgstagare som små (0-3 år) är framförallt väsentlig i detta sammanhang. Får vi villkorslös kärlek (det vill säga vi behöver inte förtjäna kärlek på något sätt genom att lyda eller vara duktiga) till största del och kan lita på att någon finns där och plockar upp oss när vi ramlat, så kan vi växa upp och veta hur man ska leva i en nära relation med någon. Men, skulle det vara så att vi har en primär omsorgstagare (oftast mamma) som med jämna (eller ojämna) mellanrum helt plötsligt inte finns där för oss. Inte hör oss, negligerar oss eller rent av blir arga på oss när vi behöver stöd, ja, då får vi en väldigt snedvriden bild av vad kärlek handlar om. Som mycket små förstår vi inte varför det blir som det blir. Handlar det om att föräldern har ett missbruk eller en mental åkomma som gör att de inte orkar med, eller inte beter sig som det är lämpligt gentemot ett litet barn, så kommer barnet att växa upp med en osäkerhet kring kärlek och kanske relationer över lag. Barnet förstår inte varför saker helt plötsligt kan förändras och en kram utebli, eller det blir lämnat ensamt en hel kväll och natt. Barnet tror (får en föreställning om) att oavsett om jag gör allt jag kan så kommer jag ändå att bli lämnad ensam när som. Detta kan leda till att barnet som vuxen skyddar sig mot den värsta smärtan (att bli lämnad) genom att själv bli destruktiv i relationer och oftast vara den som lämnar förhållanden abrupt, kanske till och med utan orsak. [Att läka trauman och frigöra föreställningen är enda vägen ur detta, men det krävs mod vilket jag hoppas att denna bok ska kunna ge. Alternativt, om du känner dig träffad, läs min andra bok "Tänk om .../!" som går lite djupare på orsak och verkan samt har fler övningar att jobba med för att arbeta upp modet att göra Frigörelseprocessen fullt ut.]

Det är dock så att om vi samtidigt hade fått lära oss att vi, trots vår fysiska hjälplöshet, fortfarande har all kärlek vi behöver så skulle vi inte lika lätt förlita oss på att andra ska ta hand om oss även som vuxna. Vi skulle inte konstant leta efter saker som ska göra oss lyckliga på utsidan av oss själva. Inte då bara prylar och äventyr utan inte minst "den stora kärleken" som ska göra oss "hela" då vi känner att något fattas när vi inte delar våra liv med en annan människa som vi känner oss trygga med och som ger oss sköna känslor på alla de vis.

Vill du så kan du ge ditt Rätta Jag ett namn som du har en stark dragning till, men det är inte nödvändigt. Tar du ett namn, som du så klart bara använder för dig själv och inget du delger andra, så kan ditt nuvarande namn vara ditt Ego och din personlighet. Eller så behåller du ditt riktiga namn och helt enkelt bara tänker på Egot som "Ego". Finns inga regler här utan det viktiga är bara att du börjar göra distinktionen så att du kan iaktta dig själv (Egot/din personlighet) när du exempelvis gnäller på sambon när han/hon, enligt dig, fokuserar på fel sak och sätter sig med telefonen istället för att kanske diska då du hade tänkt hinna med en annan grej innan ni ska iväg. Vad tänker du? Vad känner du? Är det en känsloreaktion som egentligen överstiger vad som faktiskt skett så har du garanterat triggats. Det gör ont och ditt Ego börjar dra igång en massa tankar som att "varför ska alltid jag...", "han/hon älskar inte mig" eller "varför finner jag mig i detta, är jag så värdelös?" etc.

Se hur ditt Ego jobbar. Du vet egentligen just nu inte varför det ser ut som det gör. Kanske det var något riktigt viktigt som din sambo behövde ta itu med direkt. Absolut kan det vara så att ni behöver se över era rutiner i hemmet, men det ska inte göra så ont att få en förväntan "i kras". Ni är inte tankeläsare någon av er så att skylla och skälla på varandra är aldrig konstruktivt. När du nu blivit triggad är det alltså istället dags för ditt Rätta Jag att stiga fram och hjälpa dig att med upplysta ögon se på situationen, samt se till att du istället tar tillfället i akt att nu göra Frihetsprocessen för att sedan med klarsynthet se på situationen igen om det behövs.

Att få igång denna inre dialog är det absolut första steget mot ett lyckligare liv. Förutom att ge dig möjligheten att iaktta dig själv så kan det även ge tillfälle till en del skratt vartefter du kan sluta att se på verkligheten med den seriositet som ditt Ego gör. För Egot är nämligen allt på liv och död i stort sett. Det är en funktion som ska skydda dig från allehanda faror men den jobbar, som du säkert hört förut, på övertid då de sabeltandade tigrarna idag lyser med sin frånvaro och när du efter att ha läst texten om tid förstår att dåtid inte existerar och inte heller framtid så blir denna Ego-funktion endast en pajas eller trickster som du ska tämja och bli vän med. Det är från och med nu du som ditt "Rätta Jag" ska leva ditt liv och även om ditt Ego fortfarande lägger sig i så vet du att saker inte är som du trott och verkligheten är inte huggen i sten vilket du kommer att få läsa mer om framöver.

Grattis till din nya bekantskap samt insikten att du aldrig är ensam! Du har nu minst två figurer att tjabba med, ditt Ego och ditt Sanna Jag. Den sistnämnda kommer du med tiden att kunna be om råd med precis allt, samt få all den kärlek av som du någonsin kan drömma om.

Som extra stöd vill jag här tipsa om några knep att ta till vid sängdags och du försöker somna men ditt Ego ger dig bekymmer i form av att det försöker ...

- **lösa något jobbproblem** – *Sätt dig upp. Ta fem minuter att försöka reda ut det. Sätt klockan. När den ringer skriver du hastigt ner vad du har kommit fram till eller inte, och sedan säger du till ditt Ego att det är en ny dag i morgon och då kan vi fortsätta jobba. Jobbet är bara **en** pusselbit i mitt liv. Alla pusselbitar är egentligen lika stora fast Egot (och samhället) gärna vill få oss att tro att jobbet är det absolut viktigaste. Detta handlar ofta om att man har trauman eller missförstånd kring pengar och prestation. Kommer starka känslor kring dessa saker så får du helt enkelt sätta dig och processa dessa emotioner vid tillfälle, men inte nu. Nu ska du/ni sova.*
- **lösa en konflikt du har med någon** – *Sätt dig upp. Sätt klockan på fem minuter och försök komma på hur du bäst hanterar situationen. Skriv ner vad du kom fram till eller inte och säg till Egot att detta bara är en av alla pusselbitar i ditt liv, eller en story, som hur den än slutar kommer att ge dig något positivt. Jag får veta vad jag behöver processa eller så löser allt sig av sig självt då jag har en ny inställning till livet.*
- **få dig att känna in ett misslyckande eller pinsamhet du varit med om** – *Tala om för ditt Ego att misslyckanden eller pinsamheter inte finns, bara lärtillfällen. Hur andra runt dig upplevde det är inte din sak och hur du hanterar detta är ofta avgörande även för*

dem (när ni ses i morgon), men framförallt för dig. Tacka för att du varit med om något som du kan växa av. Har du inte processat känslorna än och tror att du behöver det så gör du det i morgon, om känslorna är kvar.

- **få dig att känna det som att det du nu tänker på är livsviktigt, och att du måste komma på en lösning innan du somnar för annars ...** *– Ligg kvar. Påminn ditt Ego om att du nu är medveten om vem du är (dvs ditt Rätta Jag) och att du nu vet att det är okej att ha svårigheter och misslyckanden i livet, men att de alltid bär frukt oavsett. Att sova är dock väldigt viktigt för att orka skörda frukterna och ha rätt fokus när man är vaken så nu låter vi tankarna vila och sover. Upprepa jag är Älskad, Trygg och Hållen (se rubriken med samma namn längre fram).*

- ***hindra dig från att slappna av då det måste finnas något du glömt att tänka på*** *– Ligg kvar och fantisera om vad du vill ha mest av allt i livet. Ta fram din drömvision och fokusera på att känna in den. Försöka att fokusera på hur det känns. Det kanske inte handlar så mycket om prylar eller prestationer utan om att du har människor i kring dig som du älskar och som du helt och fullt litar på. Inte i detalj hur dessa personer ser ut eller vilka de är, utan mer fokus på hur ni njuter tillsammans runt en lägereld kanske, eller på en båt ute på öppet hav. Visst kan du drömma om prylar också men vet att det oftast inte är de som ger dig de goa känslorna utan i regel är det de givande relationerna som får oss att nå riktig lycka. Själv ligger jag helst ensam på en madrass utanför en lång vit strand med* *vackert turkost kluckande vatten under mig och runt mig simmar delfiner och andra vackra färgsprakande fiskar. Allt är möjligt och du ska låta fantasin flöda fritt. Kanske du drömmer om att segelflyga över Grand Canyon? Eller bosätta dig på en egen ö. [Liten varning när det gäller att jobba med sina visioner: Det är väldigt viktigt att hålla Egot borta här så att det inte handlar om att du vill ha saker för att du idag saknar något i ditt liv. Visioner är inte målbilder utan inre drömmar som ändå på sikt kan leda till att det är detta du drar till dig, om det görs helt utan tvivel eller rädslor inblandat, dvs Ego.]*

- **få dig att känna skuld över något du sagt eller gjort** *– Ligg kvar. Inse och tala om för ditt Ego att du nu vet att vi alla är både ljusa och mörka, snälla och elaka men alltid oskyldiga. Ångrar du något du sagt eller gjort så är det ju fantastiskt bra! Då har du känslor som kan leda dig rätt. Tacka för insikten och vet att du nästa gång kommer göra bättre. Behöver du processa så skriv ner att du ska göra det i morgon.*

- **stressa dig över något som ska hända framöver oavsett vad** *– Ligg kvar. Säg till Egot att oavsett vad som sker så blir det en gåva till dig. Ta sedan ett par rejäla andetag in genom näsan och ut genom munnen samtidigt som du räknar 1 under inandning, 2 under utandning, 3 under inandning, 4 under utandning. Sedan fortsätter du räkna men kan andas bara genom näsan och du ska inte längre styra andetagen utan låta dem komma naturligt. Skulle du tappa räkningen så är tanken att du ska börja om på 1.*

- *se till att du har hela morgondagen utplanerad från början till slut* – *Ligg kvar med slutna ögon och föreställning hur dina tankar i form av humlor surrar runt bland händelser och minnen och försöker få din uppmärksamhet. Se nu till att du (ditt Rätta Jag) istället får deras uppmärksamhet genom att du kallar på dem (kanske busvissla eller vissla på vanligt vis) och beordrar dem att sätta sig på strecken på ett notpapper och börja sjunga din favoritsång. Skulle här föreslå en vaggvisa någon sjöng för dig när du var liten eller en stillsam ballad som du kan orden till helst. Att fokusera på orden här och höra bina sjunga denna visa upprepade gånger håller Egot borta. Skulle något humla återigen börja knysta något om att "du behöver ..." så hyscha det försiktigt och återgå till visan.*

Likaså när du vaknar på morgonen är det bra att direkt inleda med några fraser av tacksamhet. Säg "God morgon!" till ditt Ego för att direkt etablera er relation som separata väsen, du som ditt Rätta Jag och Egot bara som en funktion eller ett program (som en "ChatGPT" fast en betydligt mer styrande och envis sådan). Säg sedan tyst för dig själv några meningar om att du är tacksam för att du vaknar till ännu en givande dag som innehåller många möjligheter till att utveckling och njutning. Du är likaså tacksam för gårdagen och att du har mat, husrum, familj och vänner i ditt liv etc. etc. Vad som än händer idag så är det för mitt allra bästa i slutänden, även om jag inte ser det direkt. Välkommen vackra nya dag!

Föreställningar

Dina föreställningar om dig själv och omvärlden har formats under din uppväxt, och hur du tänker och vad du framförallt känner ger signaler till universum om vad du nu behöver härnäst för att komma vidare. Sanningen är att vi attrahera det som vi signalerar ut. Det fungerar alltså tvärtemot en fysisk magnet som attraherar den motsatta polens laddning. Se det istället som att om du sätter två stämgafflar jämte varandra som är stämda i samma ton så kommer den andra att börja vibrera och låta om du slår till den första. Det blir resonans och det är så det fungerar helt enkelt. Är du ofta ledsen och låg så är det upplevelser som ger dig mer av detta som kommer att komma till dig. Du attraherar de energier och de upplevelser som ger dig mer av det som är din huvudfrekvens. Du kommer att titta på en kanal på tv:n som i huvudsak spelar upp tragiska dramer om det är den kanalen du valt med de energier du sänder ut. Ditt Sanna Jag är sedan med och formar de händelser du behöver så att de ska gynna dig på bästa sätt, och gynnar dig gör allt det som på sikt får dig att förstå hur allt fungerar. Har du ett tema i livet av att bli sviken så kommer du att bli sviken om och om igen tills du förstår att du har en falsk föreställning om att du inte är älskvärd och att du måste se och möta denna föreställning, acceptera att du skaffat den själv, men att du nu kan ändra den genom att lösa upp den inlåsta energi detta missförstånd består av. Ett trauma drabbade dig som liten vid 0-7 års ålder och kan exempelvis handla om att du kanske blev lämnad på förskola redan vid 1 års ålder och förstod det som att du inte var riktigt älskad av dina föräldrar så de valde att lämna bort dig lite då och då. Denna föreställning om att du inte är älskvärd har du under dina första sju år fått bekräftad på olika sätt genom olika incidenter med både föräldrar, förskolepersonal och kompisar, och du har då med hjälp av

Egot arbetat upp olika strategier för hur du ska hantera situationer som känns jobbiga. Varje gång du påminns (medvetet eller undermedvetet) om det första traumat som sitter ihopkopplat med alla nya liknande hädelser som bekräftat att din föreställning är korrekt, så gör det ont i dig. Du blir alltså triggad och du försvarar dig på ett sätt som ditt "lilla jag" lärt sig är en bra strategi. Det kan handla om att springa bort från de som sårar dig, stanna kvar och låtsas som om inget hänt, det vill säga trycka undan känslorna. Eller så blir du arg och slår eller attackerar verbalt den som gör dig illa.

Under skol- och tonåren fortsätter dina föreställningar att bli bekräftade och en personlighet växer fram som ska hålla dig skyddad och välfungerande. Du börjar välja ditt umgänge och likaså börjar du förstå vad du ska avstå ifrån att utsätta dig för för att inte behöva känna obehag av olika slag. Du känner nu som att du börjar få grepp om vem du är och blir väldigt arg när någon ifrågasätter ditt sätt att vara, eller så gör det ont i dig när någon frågar varför du inte vill hänga med på saker. Ofta kan det vara så att du faktiskt inte vet varför utan du känner bara spontant att det där vill jag inte göra helt enkelt. Din personlighet bygger till största del på dina begränsande föreställningar och det är Egot och RAS som hela tiden håller koll så att du inte går utanför din bekvämlighetszon.

De mest betungande och begränsande föreställningarna handlar om att man känner sig värdelös, oduglig eller icke älskvärd samt att man har en separationsångest som grundar sig i att man helt enkelt inte vet vem man i sanning är. Dessa föreställningar gör livet väldigt inskränkt då det ofta leder till att man inte vill testa nya saker, inte vågar följa sitt hjärta och i många fall tar på sig en offerkofta som gör att man skyller på andra och i förlängningen riskerar ensamhet. Att skylla på andra är exempel på en strategi som många anammat då de inte känner sig trygga i sig själva eller tror sig vara värdelösa. De vet då ofta inte hur de ska komma tillrätta med sin tillvaro eller vad de egentligen ska ägna sig åt i detta livet. Det är oerhört många som blir sjuka eller går in i väggen för att de inte sysslar med det de egentligen är ämnade för att göra. Samhället har så klart en roll i detta med den likriktning av utbildning etcetera som sker i våra skolor. Det är dock inte omöjligt att komma ur "ekorrhjulet", utan vägen framåt är att finna vägen hem till sitt Sanna Jag. På resan tar du då reda på vad du har för talanger, vilket ofta stämmer väl överens med vad du tyckte om att göra som liten och som fick dig att glömma tid och rum, samt vad som får dig att må bra. Att komma i kontakt med sitt Sanna Jag är lösningen och det gör du genom att släppa de falska föreställningarna du har om dig själv och världen samt börjar göra mer av det du brinner för. Tycker du om djur, eller att måla eller att gå ut i skogen? Gör då mer av detta. Gå en drejkurs, börja sjunga i kör, börja gymma i grupp. Gör det som får dig att glömma tid och rum, då det är då du är i harmoni med din sanna essens/ditt rätta jag och den livskraft du har, som ständigt finns i överflöd från universum, kan flöda fritt i dig. Det är denna livskraft som är tänkt ska flöda i dig men som nu stoppas upp av de energiblockeringar som dina föreställningar består av. [Märk väl att intentionen bakom träning är viktig. Det ska inte finnas några måsten som styr vad du gör.]

Lite bakgrund för förståelse ... Att allt består av mestadels tomrum (99,99% av en atom är tomrum) samt elementarpartiklar som faktiskt aldrig står riktigt stilla, är inte något vi ofta tänker på, och inget man fokuserar på att lära ut i skolan heller. Detta tomrum kallas ibland eter och är ett laddad fält. Allt som fysiskt existerar är dock också energi i någon form. Ju snabbare vibrerande desto högre frekvens och lägre densitet (täthet eller massa per volym). Det är lätt att förstå om man tänker på hur vatten finns i väldigt många olika former och densitet. Vi människor är uppbyggda av atomer som vibrerar på olika frekvenser och vi blir, som du säkert vet, laddade när vi hoppar i en soffa eller får en stöt efter att vi tagit av oss en fleecetröja och sedan ska tvätta händerna. Vi är energi och har strömmar som flyter mer eller mindre obehindrat i oss men även runt oss och då i mer elektromagnetisk form. Alla nervimpulser är strömmar och våra tankar är energier som skapas av att det går impulser mellan föreställningar och minnen som ju också består av energi. Vi har ju inte en fotbollsplan i huvudet när vi tänker på hur vi satte den där viktiga frisparken i krysset för 20 år sedan. Minnen är energier i kluster (anhopning) laddade med information som kan triggas av att vi alltså tänker eller upplever något som ger oss en liknande frekvens som detta kluster. Känslor är inblandade i detta via våra föreställningar. Föreställningar som är mer täta energikluster och som, vilket jag varit inne på tidigare, är grunden i vår personlighet. Minnen är flyktiga tillfälliga sammansättningar medan föreställningar är mer permanenta, alltid aktiva och i det undermedvetna styrande skriptet eller mallen för hela vår mentala verklighet.

Du behöver så klart inte greppa hur detta fungerar i detalj och faktum är att detta inte heller är den fulla bilden utan en representation som (hoppas jag) kan vara någotsånär begriplig. Att likna det vid en dator kan också vara till hjälp. Det är information som lagras olika länge och program som arbetar dygnet runt för att hålla oss igång. Att se Egot och RAS som en typ av virusprogram som håller på att krascha hela systemet kan vara behjälpligt, samt att de begränsande föreställningarna då tillhör operativsystemet som vi alltså behöver byta ut för att kunna börja fungera annorlunda. Viruset har åsamkat mycket skada som ska åtgärdas, men vi passar även på att uppgradera så mycket mer som ska omöjliggöra all infiltration i framtiden. Vi formaterar inte bara om hårddisken utan installerar en helt ny uppgraderad variant samt installerar in ett helt nytt *operativsystem. Detta och lite till byts alltså ut, för att möjliggöra transformationen. Lite som att byta en PC till en Mac fast vi behåller själva skalet. Vi går från Windows till Mac OS eller då egentligen från "Human" till "Aladdin".*

Åter till den mänskliga sfären ... Hela vårt system av impulser och energier påverkar så klart hur vi mår men alltså då också vad vi kommer att få uppleva härnest just beroende på de signaler vi sänder ut (i form av tankar och känslor). Är du osäker på om det över huvud taget finns något som inte kan ses med blotta ögat så är ju det faktum att man absolut kan känna sig iakttagen om någon tittar på en utan att man vet om det ett bevis på att något håller oss sammankopplade i den till synes tomma etern. Likaså kan vi nog alla känna in stämningen i ett rum vi går in i, något jag själv upplevde som enormt påfrestande när jag var på väg in i Utmattning. Energierna från alla var så starka att jag helt enkelt till slut inte kunde fokusera på vad som sades över huvud taget. Detta berodde då på att jag själv höll en låg frekvens och bjöd in alla energier som då fick mitt system att kortsluta lite kan man säga. Detta har jag nu fått ordning på så klart och sker ytterst sällan. *När det ändå händer så är det i huvudsak under större sammanhang där jag inte kan vara mig själv fullt ut eller jag under en längre tid måste vara i låga frekvenser och inte regelbundet förmår eller tillåts fylla på min egen energi.*

Att de knippen av instängda emotioner som vi bär på påverkar flödet av våra energier och hur vi mår är nu alltså konstaterat, samt att vårt energifält innehåller en karta (likt nämnda operativsystem) som styr hur vi agerar och även formar kommande upplevelser. Ditt fält (din ljusbubbla som dina tre kroppar utstrålar) innehåller dina föreställningar som med hjälp av omvärlden (upplevelser du har) triggar tankar, minnen och känslor. Din personlighet är din mall/din karta och denna mall informerar hela tiden ditt DNA, och vice versa naturligtvis. Som du säkert vet så slår gener av och på och det är just detta som är det viktiga att ta fäste på. Vi är ständigt i förändring och har alltid möjlighet att förändra vår upplevelse till det bättre. Man kan säga att utbytet av operativsystemet handlar om att vi aktiverar allt det skräp-DNA forskarna inte vet vad det har för funktioner. Det är en rejäl uppgradering du får uppleva när du transformerar dina föreställningar, men det tar så klart lite tid och går i regel stegvis. Mirakel händer dock och folk går ibland från att ha kroniska sjukdomar till att bli helt kurerade när de börjar jobba med sina trauman, så allt kan hända. Att du börjar må bättre mentalt är en garanti, men du kommer även att må fysiskt bättre efterhand. Själv blev jag, som "bieffekt", av med min ganska svåra gräs- och pollenallergi jag haft sedan 11 års ålder.

Ditt DNA tar alltså sin information från din mall (kartan i ditt energifält som i mycket samstämmer med din personlighet, som i sin tur bygger på dina föreställningar) och det är ditt Sanna Jag som (med hjälp av universum) ser till att du hela tiden får det du behöver på bästa tänkbara sätt. När du nu tar beslutet att börja rena den del av ditt energifält (de lägre dockorna) som är din personlighet, släppa upp instängda emotioner och göra dig av med falska föreställningar, så kommer du bli mer och mer harmonisk och i balans. Du höjer din medvetenhet och ditt med-vetande. Detta innebär att du/ditt Rätta Jag mer och mer smälter samman med ditt Sanna jag och blir till slut ditt äkta genuina jag som har lätt till skratt, älskar sig själv och finner glädje i att dela sina energier med andra. Du blir medveten om hur saker fungerar och förstår att när något inte känns bra så är det något i dig som triggats och behöver transformeras. Många ser det som sår som behöver läkas. När såren läkt och du kan agera autentiskt (äkta) i varje situation oavsett vad som sker så har du blivit ett med ditt Sanna Jag. Du har höjt dina frekvenser till högre nivåer och triggas inte längre, eller i varje fall ytterst sällan.

Likt Anden i "Aladdins lampa", kan du föreställa dig att ditt Sanna Jag är din guide, vägvisare och "önskeuppfyllare" samt att din känslokropp är din GPS som ditt Sanna Jag använder för att ge dig signaler om vad som är bra för dig eller inte, men en GPS som nu alltså inte alls fungerar som den ska. Kartan är till stor del felaktig (falsk) och nästan hela gps:n kidnappad av Egot. Saken är nämligen att lampan (som jag ser vara mer transparant som glas, än gjuten i guld) är smutsig och du själv ser inte klart för alla föreställningar du har om allt och alla, inte minst dig själv. Att arbeta med sig själv är som att gnugga lampan ren och du kommer mer och mer i kontakt med ditt rätta jag och samspelet er emellan kan börja fungera som det en gång var tänkt. Att känna in och lyssna på sin intuition är att kommunicera med sitt Sanna Jag. Att lyssna på sitt Ego och vad det dömer, är rädd för och hur du ska påminna dig om hur saker har gått förut, är att fortsätta vara inlåst i sin personlighet och en väldigt lortig lampa. När lampan är helt ren så är du ett med ditt Sanna Jag och ni styr tillsammans vad du ska skapa i din verklighet. Du avger då de energier som är ditt rätta genuina jag. Du älskar dig själv och ger av dig själv, framförallt ditt överflöd, utan att kräva någonting tillbaka. Detta innebär att när du gör saker du är ämnad att göra, vilket brukar vara detsamma som att du gör det du älskar att göra, så kommer du att få belöningar som ger dig mer av det du älskar. Att utsöndra frekvenser/energier av nedlåtenhet, dömande, rädsla, skam och offermentalitet innebär att du helt enkelt kommer att få smaka på mer av detta. Ditt Sanna Jag sviker dig dock aldrig och finns alltid där för dig. Det är som ett fält av plasmaliknande materia, det vill säga någonstans mellan flytande och gas. Våra sinnen har bara just nu svårt att uppfatta detta plasma som vi är skapta av och som i sin tur skapar vår fysiska kropp.

Vi som mänsklighet lever i ett gemensamt elektromagnetiskt fält som är en del av jordens elektromagnetiska fält, och själv har du har ett eget fält som du kan se som en bubbla av ljus (dina tre kroppars ljusbubbla jag nämnt tidigare) eller en droppe vatten i ett hav där alla droppar är individer men ändå sitter ihop och påverkar varandra hela tiden. Förutom denna ljusbubbla så har du alltså ditt Sanna Jags energifält (som befinner sig på flera medvetandenivåer/frekvensband) likt ett regnbågsfärgat transparant plasma som innefattar dig men också håller dig i sin väv likt en varm omfamning. Via ditt Sanna Jag har du oändlig tillgång till vilka energier du än önskar från universum (det stora oändliga havet). Förutom oändligt med kraft och energi så har även ditt Sanna Jag ett medvetande som alltså är ditt, men i den form ditt medvetande skulle vara om du inte såg genom dimman av den smutsiga lampan (det vill säga dina begränsande föreställningar och din personlighet). Ditt Sanna Jag är fritt från rädslor och således har det inga blockeringar utan är en ren källa. Det är separationen från våra Sanna Jag som ligger bakom alla rädslor. Vi har glömt vilka vi är och hur allt fungerar.

Förutom vårt eget och jordens elektromagnetiska fält så har alltså även mänskligheten ett gemensamt fält som då kan ses som vår totala medvetandegrad. Tänk dig det som en boll av skum du kan göra när du tar ett skumbad. Hela bollen är mänsklighetens medvetande och du är en av de små bubblorna. Mänsklighetens medvetande är totalen av alla människors medvetandegrad (det vill säga hur mycket de förstår av vilka de egentligen är och hur allt fungerar). Du kan alltså ligga på en betydligt högre medvetandenivå än resten av mänskligheten, varför det, trots ditt eventuella välmående och fridfulla liv, är fullt av krig och elände i resten av världen då de flesta människor fortfarande tror på och låter sitt Ego styra dem till 100 procent. Alla människor lever ut sina rädslor och ska försöka att så småningom bli lika smarta som du och ta tag i sina trauman och lösa upp de begränsande föreställningar de har om sig själva och om andra. Fred på jorden blir det alltså, enkelt uttryckt, när tillräckligt många höjt sina frekvenser och mår bättre. Skumbollen tappar i densitet och blir lättare och lättare vilken innebär att den består mer av kärlek än hat, osämja och rädslor. För att nå fred på jorden räcker det med att en viss andel av mänskligheten nått frekvenser av kärlek, empati och glädje då deras energier har större inflytande på totalen. Höga frekvenser är nämligen inte bara högre utan även starkare, och som jag nämnt tidigare vi påverkar alla varandra. Uppfinningar dyker ofta upp på flera platser på jorden nästan samtidigt.

Vill nu kort avsluta detta stycke med ett förtydligande av vad jag menar med att begränsande falska föreställningar är energiblockeringar. Som du säkert noterat så är ju inte tankar fysiska i sig. De befinner sig i den mentala kroppen på en något högre medvetandenivå/frekvens än den fysiska. Vi skiljer ju oss också från djuren i vår form av medvetenhet, det vill säga i vilken mån vi vet vilka vi är och att vi skiljer oss ifrån andra. Även vetskapen om att vi ska dö är en stor del av detta, samt då vår inbyggda förmåga att höja vårt med-vetande med hjälp av de processer som du nu ska få lära dig. [Du finns alltså på flera medvetandenivåer eller medvetandeplan samtidigt men kommer att resa dig från en nivå till nästa steg för steg till du är på samma nivå som ditt Sanna Jag. Du integrerar/införlivar och accepterar att du är på alla de lägre nivåerna samtidigt som du alltså höjer din frekvens och ditt medvetande till nya nivåer. Detta kommer klarna vartefter du börjar jobba med dig själv.]

Vår förmåga att kunna jobba medvetet på de högre nivåerna i den mentala sfären och skapa, för vårt inre, saker som inte finns eller scenarier som vi tror ska hända i framtiden är unikt för vår varelse här på jorden. Dessa bilder vi sätter ihop har sedan en frekvens och en vibration. Är det något otäckt vi tänker på så vibrerar det på en lägre frekvens, det vill säga långsammare. Det är alltså därför vi säger att vi känner oss "låga" när vi inte mår bra.

Likaså gäller detsamma för falska föreställningar vi har i vårt energifält (vår ljusbubbla). Då de inte är i harmoni med vårt Sanna Jags uppfattningar så är de likt dammtussar av högre densitet/täthet än omkringliggande materia. De är "smolk i bägaren" och dessa lägre vibrerande energierkluster stoppar upp flödet av ren livs- och skaparkraft, men under Frigörelseprocessen som du ska få lära dig så jobbar man med att lösa upp dessa dammtussar och frigöra de inbyggda laddningar de har. Det är framförallt känslorna som blir ditt verktyg för att få igång denna process. Då du triggats av något och känner negativa känslor av något slag så hjälper de dig att hitta dammtussarna. Du behöver inte identifiera exakt vilka föreställningar du har utan du låter känslorna starta processen som du kan se som att dammtussen öppnar sig som en blomma och sedan upplöses likt en överblommad maskros som sprids för vinden. Du låter dammtusstoftet följa med energierna/emotionerna upp och ut, först ut genom din vackra ljusbubbla, sedan genom ditt Sanna Jags regnbågsfält och därefter vidare ut i det omkringliggande fältet/havet där de övergår till högfrekvent ljus och försvinner.

Efter att du frigjort din blockering genom någon form av process så kommer ditt flöde av livsenergi bli större samt att de saker som blockeringen/föreställningen stod för nu istället givit energi till det som finns i andra änden spektrumet. Handlade föreställningen om att du var "icke älskvärd" så känner du dig alltså nu istället mer "älskvärd". Målet är så klart att vi då till slut ska känna oss "villkorslöst älskade" 24/7 året runt.

Om du, istället för att processa när du blir triggad, lyssnar på ditt Ego, så trycker du av rädsla ner känslorna eller distraherar dig på ett eller annat sätt och hoppas på att det var sista gången du behövde känna detta. Det som då sker är att den begränsande falska föreställningen (dammtussen) blir än mer kompakt, det vill säga får högre densitet/täthet, och växer ytterligare.

Att jag gärna använder ordet emotioner ibland är helt enkelt för att emotioner ("energy in motion") är den rena energiformen av känslor som rör på sig innan vi satt någon etikett på dem i form av vemod, sorg, ilska, glädje etc. Det är den energi som känns, och faktum är att det i botten är samma energier som alltid rör sig i vårt fält men de känns olika beroende på vad vi upplever för stunden i form av svek, traumatriggers eller något som vi uppfattar som roligt. Det är föreställningarna vi har kring det som sker som avgör hur det känns. Att känna ilska och extrem upprymdhet har egentligen samma energi och styrka men tonen/frekvensen blir olika när vi tolkar det som sker. Du har säkert sett människor gå från gråt till skratt i ett nafs och det är inte så konstigt då det egentligen bara handlar om att skifta "färg" på energin. Förenklat kan man alltså se det som att, via de känslor som vi erfar när vi triggas (påminns om ett trauma) styrs/guidas vi till de instängda energiklustren (instängda emotionerna/traumana), och får då chansen att i acceptans och tillit lösa upp dem och för alltid släppa ut dem, samt transformera de falska föreställningar som de är kopplade till.

Tid

Lägger här in ett litet stycke om tid och vad det egentligen handlar om då det är en parameter som styr mycket av våra liv idag, men då det faktiskt i det stora hela är ett missförstådd och en missbrukad term.

Tid som vi har lärt oss att den fungerar stämmer egentligen inte alls med verkligheten. Jag kommer inte att gå in på alla detaljer kring dess funktion utan bara i stora drag förklara hur det ligger till.

För oss idag är det mycket tiden som styr vår vardag för att vi ska kunna få saker att klaffa och inte krocka och det kan ju tyckas normalt och så det måste vara, men faktum är att synen på tid i form av att en klocka tickar och går egentligen inte finns utan är en parameter/funktion man skapade för länge sedan för att kunna mäta saker som exempelvis hur mycket det går att genomföra/producera under en viss period. Ett verktyg som skapades för att kunna mäta hur bra eller dåligt någon presterade helt enkelt. Ett verktyg som idag gör oss väldigt stressade både medvetet och omedvetet.

Att tid förflyter är egentligen bara ett resultat av att energi förändras. Allting är energi. Allt består av vibrerande elektroner, protoner och neutroner samt de mindre elementarpartiklarna som exempelvis fotoner som vi inte kan se och som kan ha både partikelform och strängform. Högre vibrerande partiklar kan vi alltså inte se men vissa uppfattar vi bara som ljus eller ljud då de träffar våra sinnen. Inte så viktigt att förstå exakt hur detta fungerar utan bara just inse att allting ständigt är i rörelse. Allting i vår värld är föränderligt och förändras hela tiden. Ingenting är statiskt och detta gäller precis allt. Förändringar för saker med hög densitet/täthet går långsammare som om du tänker dig en stens eroderande jämfört med ett äpples förruttnelse. Går vi tillbaka till våra kroppar (dockorna) så kan man se det som att den fysiska kroppen förvandlas långsammare än våra tankar (kropp nummer 3).

När det gäller tid så är det faktiskt så att det är just det faktum att vi åldras som gör att tid verkar förflyta, och inte tvärtom att vi åldras för att tiden går. Tiden är bara ett resultat av att förändringar sker, och de sker alltså olika fort beroende på vilken frekvens man befinner sig på (vilken densitet det handlar om). Man kan se det som att när något ska gå från att var en idé, som att jag behöver en pinne att grilla min korv på, så tar det tid att förändra grenen på marken till en grillpinne. Det tar tid och energi kan man säga. Skulle vi vara i en dagdröm (eller en "riktig" dröm för den delen) så kan vi hoppa från att vara vid grillplatsen och tälja pinnar till att sitta på en lyxjakt på väg till Grekland i nästa sekund. På den frekvensen eller i den sfären så är tiden i stort sett helt upplöst och saker förändras ögonblickligen. Här i det fysiska, på de lägre frekvenserna, med den fysiska kroppen (lägsta dockan), är nämligen tiden utdragen för att vi ska kunna hinna uppleva saker mer påtagligt och tydligt. Att se tiden i det fysiska är som att lossa på en stämskruv på en gitarr och strängen börjar vibrera långsammare och ger en läge ton. Eller om du spelar upp en video och sänker talhastigheten så pratar folk långsammare och med mörkare röst. [Detta hör då även ihop med gravitationskraften som är högre hos saker med högre densitet.]

Då vi som människor lever i alla dessa sfärer fysisk, känslomässig och mental (samt även den lite högre "andliga" där du är Anden i lampan) så kan ofta tiden kännas som att den fluktuerar, det vill säga att den går olika fort beroende på vad som sker. När du har roligt och saker flyter på bra i det fysiska så väl som i den mentala sfären så känns det som att tiden går fortare. Harmoni skapas och tiden går faktiskt fortare. Einstein såg detta och förklarade att tiden ju är relativ, även om de flest bara hört om detta i relation till avstånd etc..

Det viktiga här är, återigen, inte att förstå exakt hur allt detta fungerar utan att bli medveten om att den inrutning i tid som vi hålls kvar i ytterligare försvårar för oss att leva fritt. Likaså är det en inkörsport till att förstå att det egentligen bara finns Nu och att det är där vi behöver befinna oss hela tiden för att må riktigt bra. Tiden är föränderlig och inte konstant utan beror på vilken frekvens du befinner dig på. Ju sämre du mår ju långsammare går tiden, och då, så klart, vice versa. Om tiden är relativ och minnen inte finns påtagliga (som vi ju slagit fast sedan tidigare), så borde det stå klart att det Egot jobbar med är helt förkastligt i realiteten. Egot jobbar bara med att se på vad som varit för att försöka fundera ut vad som ska ske. Om då varken dåtid eller framtid existerar utan bara ett evigt Nu, så borde vi kanske inte lyssna så mycket på egot. Om vi inte tänker på vad som varit så kommer risken, enligt vad vi nu vet om hur vi drar till oss saker, alltså minska oerhört att det ska upprepas igen i den *tänkta* framtiden. [För att underlätta för läsaren att jobba med sina trauman och föreställningar kommer jag nedan i stort sett att använda den syn på minnen som vi är vana att använda oss av. Att alltså se dem som levande bilder av saker som hänt tidigare i livet. I arbetet med att processa blir det lättare att se det på det sättet och det är ju på det sättet och med känslornas hjälp vi format de falska föreställningarna, vilket gör det lättare att, så att säga, göra en omvänd process med just känslornas hjälp, samt även då minnen ibland. Återkommer till allt detta i nästa kapitel "Frigörelseprocessen".]

Viktigt att förstå är att vi inte ska låta Egot jobba efter någon sorts logik i vårt skapande av våra liv. Visst kan logik fungera när man ska räkna eller bygga något fysiskt, men när det gäller utformandet av vår verklighet och hur den ter sig och upplevs av oss så är det helt beroende på vilka frekvenser vi sänder ut och inget annat. Vibrerar du av kärlek från morgon till kväll och har endast empati för alla du möter oavsett vad de gör eller hur de beter sig, så är det kärlek och empati du kommer att få tillbaka i överflöd. *Visst kan du spara pengar för att köpa en ny bil, men har du egentligen ångest över att ha lagt alla dessa pengar på en ny bil, så kommer den garanterat inte att hålla länge. Eller så händer det något annat tråkigt som motsvarar frekvenserna av att du innerst inne känner att du inte är värd att leva gott.*

Tilläggas kan även att högt vibrerande människors kroppar också är mer självläkande än lågvibrerandes som då istället är så fulla av energiblockeringar av begränsande föreställningar att livskraften inte kan hjälpa till i läkprocesser. Eller då snarare tvärtom, en kärleksfull individ blir inte sjuk förutom någon enstaka förkylning som ska hålla immunförvaret i gång. Att leva lyckligt och högfrekvent innebär alltså att man lever friskare och tiden går fortare och fortare. Att stressa mindre över tiden i kombination med att veta hur ens verklighet skapas är fundamenten för att vända om sitt liv. Att sedan börja bearbeta sina trauman och transformera sina begränsande falska föreställningar är den verkliga biljetten för att starta resan hem till sig och sitt Sanna Jag.

"Vi skapar i varje Nu vårt nästa Nu och lever faktiskt, om man ska vara riktigt petig, egentligen i dåtid." Något att fundera på. Hur detta hänger ihop kan man få mer inblick i om man läser boken "Tänk om ...!". Saken är nämligen att vi egentligen hoppar från en filmruta till en annan i filmen om vårt liv som redan är inspelad och klar. Man kan välja hur man vill hoppa i filmen och behöver inte ens följa filmrutorna i kronologisk ordning. Man kan faktiskt till och med hoppa till en annan film, vilket för den nyfikne står att läsa mer om i nyss nämnda bok.

Rädsla

När det kommer till rädslor så är separationsrädslan den mest fundamentala, och då menar jag inte i den bemärkelsen att vi får ångest när någon lämnar oss. Det är visserligen samma typ av känsla men det jag pratar om här handlar om att vi i och med födseln separeras från den trygga vistelsen i livmodern och börjar uppleva att vi inte är säkra, hållna eller för den delen älskade. Egentligen är separationen ännu djupare då vi dessutom glömt vilka vi i sanning är och inte heller via våra ögon kan ta in mer än 0,004 procent av vad som faktiskt finns i vår omvärld. Man kan likna det vid att stå en näslängd från en elefant och alltså bara se något grått och kanske några hårstrån. Man kan ju inte för sitt liv förstå att det är en elefant man tittar på.

Vi kan alltså med våra sinnen endast ta in en liten bråkdel av den information som egentligen möter oss och vi har dessutom bekymmer med att tolka denna lilla andel rätt. En tolkning som med tiden dessutom blir mer och mer förvrängd på grund av att vi göds med inte bara våra egna upplevelser av rädsla av olika slag utan även uppmaningar från samhället om att världen är farlig, otrygg och full av människor som inte vill vårt bästa. "Akta dig", "låt dig inte luras" och "köp detta för att vara säker på att du inte ..." är vad vi får till oss från mycket tidig ålder. I ärlighetens namn är alla samhällssystem kopplade till vår upplevelse av rädsla på ett eller annat sätt. Inom utbildningsväsendet handlar det om rädslan att misslyckas på olika sätt och det kan drabba hårt på individnivå. Inom politiken handlar det om att rädslor styr både politiker och väljare. Ledarna är rädda att misslyckas och väljarna är rädda för att det ska bli sämre levnadsförhållanden om fel parti vinner. Inom sjukvården så räcker egentligen namnet som svar på vad det handlar om. Vi ska vara rädda för att bli sjuka, vilket egentligen bara gör oss sjukare. Det är polariteter som bygger på rädslor och kommer därför aldrig att fungera optimalt. Att istället leva från kärlek blir lösningen och när vi väl gör det löser sig allt annat och vi upplever varken brist, okunskap eller sjukdom. Jag vet att det låter som en utopi, men det är sant.

Att vi får möta i vår omvärld det vi behöver för att växa och skaffa visdom har jag ju nämnt här, men det är jätteviktigt att förstå denna princip fullt ut. Om du ler mot dig själv i en spegel så får du ett leende tillbaka. Du kan inte få spegelbilden att le om du inte själv ler, eller hur? Detta är exakt hur vår verklighet fungerar. Ler du mot någon på gatan så får du ett leende tillbaka. Vi sänder ut signaler grundade i olika känslor som aktiveras av hur vi tänker, vilket i sin tur bygger på vilka föreställningar vi har inpräntade i vår mentala kropp. I vilken form dessa signaler kommer tillbaka till oss varierar en aning men de är alltid en spegling av vad vi skickat ut. Är vi genuint älskvärda och omtänksamma så är det upplevelser av detta vi får tillbaka. Är det undermedvetet så att vi månar om andra för att vi är rädda att bli lämnade så är det denna rädsla som styr vad vi får tillbaka. Det handlar alltså om att få bukt med vad vi innerst inne tror på och då oftast omedvetet. Det hjälper alltså inte att dra till med en affirmation eller le lite ansträngt då det på inget sätt går att lura systemet/spegeln. Känslorna som bygger på våra föreställningar är vad som skapar vår verklighet och endast en förändrad föreställningsvärld (tillika pesronlighet) och därav förändrade tanke- och känslomönster kan påverka din verklighet. Transformera begränsande föreställningar och låt ditt Sanna Jags energier flöda så skapar du från hjärtat en verklighet som ger mer av det du innerst inne önskar.

Rädsla speglas ofta tillbaka till dig i form av upplevelser som ger dig kontrollbehov. Det vill säga så fort du gör något för att behålla kontrollen, eller skapa kontroll så handlar det om någon form av rädsla du har som får dig att göra detta. Allra tydligast blir det dock när du blir triggad av att du tappar någon form av kontroll.

Våra rädslor kan ofta styra oss från morgon till kväll och det ses som helt normalt. Faktum är att det inte alls skulle behöva vara på detta vis. Om vi visste att vi var ständigt trygga, hållna och älskade varje levande sekund så skulle ångest inte förekomma. Egot skulle inte ha så mycket att göra och vi skulle vara betydligt mer harmoniska och kreativa. En känsla av att du faktiskt är handlingskraftig och kan ta hand om sig själv blir en av de första sakerna som kommer med att du börjar jobba bort dina falska föreställningar. Kan du ta in att du har en överdådigt mäktig bundsförvant i ditt Sanna Jag som älskar dig villkorslöst, aldrig lämnar dig ensam och dessutom vet att du inte behöver missta livet förrän du är färdig med vad du kommit hit för att uppleva och lära, så har du inget att rädas över över huvud taget.

Att inte känna sig handlingskraftig utan låst och värdelös leder också många gånger till beroenden av något slag. Droger, sex, spel, shopping eller likaså att tycka synd om sig själv (det vill säga ha offerkoftan på i stort sett hela tiden och skylla på andra). På något sätt försöker man komma undan känslan av maktlöshet och den ultimata rädslan för total ensamhet och död. Det som vår kultur, i alla fall i västvärlden, givit som svar på olika former av ångest är att fylla det hål eller den tomhet som upplevs när man inte känner sig älskad, handlingskraftig eller delaktig är just att distrahera sig med ovan nämnda substanser eller sysselsättningar. Lösningen skulle alltså vara att bara dämpa känslan/ångesten eller på falska premisser låtsas att man är så fullkomlig, kraftfull och populär som man alltså egentligen inte alls tror att man är.

Känslor av rädsla kan sägas vara motpolen till kärlek precis som mörker är motpolen till ljus. Saken är att det ligger vissa missförstånd bakom vad dessa saker handlar om. Ljuset är källan till allt och det finns bara olika grader av ljus. Du kan se det som att när solen skiner mitt ovanför ditt huvud så faller inga skuggor, eller om du står under en lampa i ett rum så faller heller inga skuggor. Det finns till synes inga skuggor men så fort du tar ett steg åt sidan så faller det direkt en skugga på golvet. Rör du dig längre och längre ifrån platsen under lampan och mot en avlägsen vägg så kommer du till slut omslutas av mörker och du ser ingenting. Går du mot lampan och tittar rakt in i den kommer du inte heller att se någonting då allt blir för ljust. Vi förlorar oss själva i båda fallen. Istället behöver vi kontraster av både ljus och mörker, och när vi kommer underfund med detta på riktigt och kan förstå bådas betydelse för utveckling blir vi istället en del av lampan/ljuskällan. Vi blir upplysta. Ljus är nämligen information och mörker en brist därav. [Likt talesätten att "det går upp ett ljus" för någon som får en bra idé tillexempel eller "att mörka" vilket betyder att undanhålla information. Likaså "att belysa något" eller "att famla i mörker" när man letar efter information men inte ens vet var man ska leta, är också formuleringar som är inbyggda i vårt språk och som bygger på dessa premisser.] Upplever man att man lever i mörker så handlar det alltså om att man har väldigt många missförstånd i sin mentala kropp och är nästan inte alls i kontakt med sin inre essens och sitt Sanna Jag.

Rädsla är, som sagt på liknande sätt, brist på kärlek och när du förstår detta och kan ha en sund relation till dina rädslor så kommer de rädslor som inte gynnar dig längre att avta och försvinna. Endast de som verkligen har en funktion att fylla kommer att hjälpa dig i ditt fortsatta liv. Rädslor som exempelvis handlar om att vi känner av att en viss individ inte vill oss väl (har dolda avsikter) eller att vi behöver gå åt vänster istället för höger då det bara känns mer rätt.

Att vi haft upplevelser av svek och obesvarad kärlek handlar om att vi ska lära oss om dessa aspekter av verkligheten samt genom kontrasterna få till oss den fullödiga upplevelsen av villkorslös kärlek när vi kommer dit. Vi behöver alltså bli medvetna om att vi behöver kontrasterna av båda ändar av skalan för att leva ett meningsfullt liv.

Svåra utmanande rädslor handlar om att du ska lära dig något stort och förstå något viktigt som livet har att lära dig. Exempelvis handlar det om att vi ska upptäcka att vi inte är ensamma utan en del av ett större med-vetande, vårt eget Sanna Jag, men även faktiskt flera större med-vetanden (vilka vi dock lämnar därhän i denna bok). Vi har bara glömt. Bevis finns för detta så oroa dig inte. Bara en sådan sak som att människor som lever med varandra har en omisskännlig telepatisk kommunikation talar för att det finns mycket i vår verklighet som inte finns så mycket kunskap kring ännu. Man vet när någon ska ringa. Man känner för att äta samma mat till middag. Likaså om du är i ett rum och tror att du är ensam men känner dig iakttagen så är det i stort sett alltid så att någon faktiskt tittar på dig genom den öppna dörren. Vi är alla "connectade" eller sammanlänkade via det elektromagnetiska fältet (eller det morfogenetiska fältet, som egentligen är ett mer korrekt uttryck för vad jag här syftar på) vi lever i här på jorden. Har du någon gång känt dig iakttagen av någon annan som du inte visste var där så kommer du inte ha några större problem att komma i kontakt med ditt Sanna Jag som ju finns hos dig hela tiden, bara på en högre frekvens (en något högre medvetandegrad). Har du dessutom via din magkänsla någon gång känt in att något inte känns som ett bra val eller den rätta vägen att gå så har du lyssnat på ditt Sanna Jag, svårare än så är det inte. Saken är att vi inte är vana att lyssna på rätt röst utan oftast lyssnar på vårt Ego som tjattrar på med tankar baserade i rädsla och som alltid handlar om dåtid eller framtid. Att stilla sinnet då och då genom någon form av meditation är ett sätt komma i kontakt med det Sanna Jaget. Att lyssna på en guidad meditation är då en utomordentligt bra början eftersom du på så vis håller tankarna och Egot i styr genom att följa rösten och musiken som spelas upp. Känner du ingen dragning till att meditera just nu så kan det kanske istället vara idé att ta en skogspromenad med fokus på att ta in naturen med alla dina sinnen. Hur känns det i kroppen när du luktar på blommorna? Kommer det upp minnen från lyckliga dagar i barndomen? Vad säger de dig om vem du är? Vad gläder dig ända in i själen? Vad fick dig att skratta som liten? Finns det musik som tar dig till ett saligt rus och som får dig att dansa?

När du umgicks med frågorna ovan och svaren som kom till dig så har du på detta sätt glömt tid och rum för en stund och umgåtts med ditt Sanna Jag, samt känt in din sanna essens. När vi också skrattar, njuter och känner att vi förlorar oss själva, ja, då har vi hittat in till vårt rätta Sanna Jag.

[För den ovane är det svårt att få Egot och tankarna att lugna sig varför jag starkt rekommendera *guidade* meditationer som det finns gott om på YouTube. Bara att lyssna och följa med.

Exempel på vägledda meditationer (sitt eller ligg bekvämt med rak rygg, tungan avslappnad i botten på munnen och handflatorna uppåt):
https://youtu.be/YQBVvjDlJS0?si=hP54B2EEP6rGvgee,
https://youtu.be/cLPW52Dc0ag?si=3MBNPklRXNjAOA1Q]

Man kan likna tillståndet när man är fullkomligt ett med sitt Sanna Jag med att vara helt i kärlek. Som jag var inne på tidigare så är då alltså motsatsen, att känna sig helt separerad från sitt Sanna jag och alla andra, den ultimata rädslan. Vi tror då helt enkelt att vi är totalt ensamma och mörkret blir totalt överväldigande. Saken är att kärleken/ljuset är själva grunden till allt. Den är själva skalan/registret/linjalen/spektrumet och den är oändligt lång. Du kan tänka dig att den går som ekvatorn runt jorden men den stannar aldrig, den har inget slut. Alternativt kan du se det som en rand runt ett timglas som rör sig mot mitten till den trånga passagen men den fortsätter alltså sedan utåt igen och när den kommer till kanten på timglasets botten så fortsätter det på ett nytt timglas och så vidare i alla oändlighet. Allt i livet och universum rör sig enligt spiraler på detta sätt. Lägger man timglaset ner så ser du det istället som vågor eller kurvor med toppar och dalar. Detta mönster återkommer inom alla områden och hos allt existerande. Titta på hur börsen fluktuerar, ditt humör, naturen etc. Allt går i vågor och det man behöver förstå är att dessa processer och spiraler aldrig tar slut. Man kan till exempel också se det som en rand i kanten på en liggande åtta. Det är därför detta är en evighetssymbol.

Denna skala av kärlek/ljus har alltså mörka delar men som i liknelsen med lampan i taket tidigare så handlar det om att du behöver förstå att du är ljuskällan själv. Du är kärlek i botten, och rädslan är den motkraft eller funktion, precis som mörkret, som ska visa dig genom kontraster vad du föredrar att uppleva samt ge dig de upplevelser du behöver för att lära dig det du/din Själ kom hit för att lära. Den fundamentala insikten kommer så småningom när du förstår att vi alla är "connectade" (sammanlänkade) till samma källa och kan känna in varandra fullständigt när vi kommit så långt att vi är Vårt Sanna Jag fullt ut. Faktum är att vi alla tillsammans på jorden, på den högsta frekvensen/den mest finstämda (tv-)kanalen, är en enda sammanhållen entitet. Rädslans uppgift är att ge oss känslan av att vi är separata individer och detta är en nödvändighet för att kunna ha de upplevelser vi har. Ibland säger vi ju lite på skoj att det vore ju jättetråkigt om alla var lika och det är just det som är hela grejen. Satt du i ett rum och alla såg ut som du, tänkte som du, hade samma drömmar som du och förstod dig till fullo hela tiden, så skulle detta inte ge så mycket spänning, eller hur?

Vårt Sanna Jag har hela tiden bilden klart för sig och vet vad du som Själ eller individ vill lära och uppleva. Själen är som en "lägre del" (i stort sett detsamma som det Rätta Jaget) av det Sanna Jaget och dess önskningar är det vi nu försöker uppfylla men hjälp av just "The Force Of Fear" eller rädslans egenskaper helt enkelt. Visste vi från födseln att vi inte hade något att frukta och att glömskan och alla programmeringar från omgivningen om att vi verkligen är hjälplösa bara är verktyg för att vi ska kunna ha vår upplevelse av livet här på jorden, så skulle allt se annorlunda ut. Vi skulle dock inte få känna alla fantastiska känslor av att bli sams igen efter ett bråk, att finna den stora kärleken efter att ha kämpat på i ensamhet under många år eller att få hjälpa någon annan människa som är i nöd. Att nu dessutom få möjligheten att få känna på hur det är att vakna upp till hur allt fungerar är så klart lite pricken över i. Att äntligen få svar på vem man själv är och vad livet självt går ut på.

Att nu nå dessa insikter är så klart väldigt befriande och när vi når hela vägen kommer ändå nyfikenheten att driva oss framåt på ett eller annat sätt. Nyfikenheten är, skulle jag säga, den främsta drivkraften i universum och då universum är oändligt kommer vi aldrig att behöva ha tråkigt hur långt vi än når i vår utveckling, och saken är att du själv kan välja vad du tycker är meningen med det hela och vad som är den största gåvan för dig.

Att börja lära känna mig själv och mitt Rätta Jag har jag tyckt varit en enorm gåva, och att nu kunna uttrycka den jag är mer autentiskt utan att behöva vara rädd för att bli ensam, är så klart också väldigt stort. Att nu få chansen att se vad som sker med omvärlden vartefter jag ändrar mig själv är oerhört spännande. Om jag inte går ut i världen med garden uppe och rädsla i blick, vad händer då?

Som en parentes kan här tilläggas att känslan av separation från allt och alla, och/eller en känsla av maktlöshet ofta kan leda till missbruk av olika slag. Det kan handla om exempelvis, droger, spel, sex, shopping eller mat etc. Man söker då fylla ett tomrum (brist på kärlek) man känner eller då, som sagt, man känner en känsla av maktlöshet och försöker hitta sätt att ta kommando även om det bara är tillfälligt och på falska premisser i ett rus som snabbt går över. Det kan även handla om att bara fly, men man gör det för att slippa vara sig själv eller med sig själv. Att gå in i en roll av att spela clown eller buse eller bara skapa oreda som tar över uppmärksamheten en stund, är ett par exempel på detta. Även beroendet av att alltid hitta syndabockar till allt som händer är faktiskt ett beroende om än en lite snällare variant. Att ständigt gå med offerkoftan på blir en trygghet likt en snuttefilt, och det kan vara väldigt besvärligt att leva med någon som aldrig riktigt vill ta ansvar för sig själv utan skyller på allt och alla, även om det så klart är den missbrukande som lider mest fast han eller hon kanske inte ens är medveten om missbruket. Vi har ju fått lära oss att världen är farlig och orättvis så han/hon tror kanske bara att de har mer otur än andra. Flykt och offerbeteenden kan så klart också leda till tyngre beroenden, vilket gör att det är bra att vara observant även på beteenden som liknar dessa.

Vägen till beroende kan gå via så många olika händelseförlopp men det bottnar oftast i att kontakten till dig själv/ditt Sanna Jag är bruten och du helt enkelt inte klarar att ta hand om dig själv, och rädslan för verkligheten blir ofantlig. Smärtan den skapar kräver bedövning på ett eller annat sätt. Att våga komma fram till acceptans kring vad som hänt och **att** något hänt under barndomen, är en början till befrielse från beroendet, och sedan att låta frigörelseprocessen ha sin gång. Man måste återuppbygga förtroendet till sig själv och finna tryggheten igen. Acceptera att saker hänt i ens liv, inse att man är oskyldig och förlåta alla inblandade men framförallt sig själv (då en känsla av svek mot en själv ofta finns med i bilden). Är smärtan så överväldigande att man måste dämpa den till varje pris så är ofta ens dömande av samma kaliber/storlek. När man väl befriat sig från detta dömande är man en annan person, med en annan personlighet och behöver inte längre dämpa denna smärtsamma känsla av övergivenhet som ens "lilla jag" känner. Beroendet försvinner alltså per automatik vartefter man läker sina sår, slutar döma och släpper sina falska föreställningar.

Svaret på hur man behandlar olika former av missbruk blir alltså detsamma som svaret på hur man botar alla andra rädslor, nämligen genom att transformera de felaktiga föreställningarna och inse att man egentligen är i fullkomlig maktposition och kan skapa den verklighet man upplever, vilket man faktiskt redan gör fast då inte medvetet utan ens Ego och ens rädslor får ens känslor att skapa en verklighet man vill fly ifrån. Det är känslorna man har som framkallar den frekvens man skickar ut och som då likt en magnet via ens resonans drar till sig vad man bevisligen behöver mer av. När man dragit till sig tillräckligt med elände och bestämmer sig för att "nu får det vara nog" och man vill börja må bättre så är detta alltså helt och fullt möjligt. Genom transformerandet av föreställningar så får vi nya tankemönster och nya känslor som genererar högre vibrationer, vilka i sin tur drar till sig behagligare upplevelser. Det är egentligen ganska enkelt, men det är inte så lätt i början.

För tillfrisknande kan naturligtvis avvänjning krävas om det handlar om tyngre droger, men ska den vara fruktsam så går det oftast inte att hoppa över de inre läkprocesserna jag tar upp i denna bok. Likaså är det ett faktum att avvänjningen kan bli extremt underlättad eller till och med nästan utan abstinens om läkning sker på hög nivå och ett personlighetsskifte sker som då fulländar frigörelseprocessen ganska omgående. [Processerna för transformerande kommer under rubriken Frigörelseprocessen.]

Ångest

[Utdrag från boken "Tänk om …/!". "Inre barn" kan bytas ut mot "lilla jag".]

Förutom att de flesta föreställningar är förknippade med rädslor så är även ångest något som absolut är förenat med rädslor. Likaså är oro förknippat med ångest. Det är inte möjligt att få ångest utan att känna oro. Medvetet eller omedvetet. Det är allt som oftast inneboende omedveten oro som dyker upp som ångest och vi undrar vad detta nu kommer sig av.

Faktum är att din ångest faktiskt pekar på att du blivit mer medveten. Du kan inte längre riktigt bara låtsas som att allt är bra och bara stövla vidare. Får du höra att du är *för* känslig och borde skärpa dig så är det en jättebra sak. Det är jättebra att vara känslig då det är just känslorna som kommer göra dig fri från både ångest, rädslor och föreställningar.

Vid "generell ångest" handlar det om en oro som aldrig riktigt vill släppa taget. Den ligger och gror hela tiden i bakgrunden och du kan inte riktigt bli av med den. Du lyckas kanske distrahera dig för stunden men ditt mående ligger ändå på en ganska låg generell nivå. När du sen är stressad, sovit dåligt, inte ätit bra, något går emot dig IGEN eller du helt enkelt får uppleva något som skrämmer dig extra mycket, ja, då kan det till och med bli en ångestattack (panikångest) av det hela och du börjar hyperventilera och tro att du ska dö.

Det kluriga är ofta att det är just vetskapen om att du ibland får riktigt stark ångest som gör att risken ökar för generell ångest då det blir en oro i sig att vara rädd för att rätt som det är drabbas av en mer akut attack. Det blir en ond spiral och det är idag väldigt många som lever med detta och har lärt sig hantera det på en dräglig nivå så att livet kan gå vidare. Fortsätt dock läsa här och börja jobba med dig själv så kommer dina problem bli oerhört mycket mindre eller till och med försvinna helt.

Det är alltså så att om du lider av ångest eller stark oro så har du börjat inse saker om dig själv eller världen, och detta är i det hela av godo som jag tidigare beskrev. Det är också bra att du nu läser detta och erkänner för dig själv att detta är något som påverkar dig och att du nu skulle vilja göra något åt det. Att inse hur det ser ut, acceptera det och sedan börja utmana på olika sätt är vägen framåt. Låter kanske skrämmande men det behöver inte vara farligare än att du gör processerna när du känner en rädsla komma upp och skulle det vara så att du är rädd för att något hemskt kanske har hänt dig tidigt i livet så kan du be någon att sitta med, eller helt enkelt hitta en bra hypnoterapeut. Har du till exempel inga minnen av din barndom eller det är många luckor så kan det vara tecken på att du faktiskt varit med om riktigt traumatiska saker. Det behöver dock inte vara så då vår känslighetsgrad, som sagt, har väldigt stor betydelse för vad som blir traumatiskt för oss, eller inte.

Du kan nu när du läser detta säga till dig själv också att nu börjar en resa som ska göra dig fri och varje tillfälle av stark oro är en gåva till dig som kommer att hjälpa dig komma närmare ditt mål. Det är alltså egentligen inte något "fel" på dig. Inte alls faktiskt. Att du känner oro är en försvarsmekanism som ditt "inre barn" tagit till för att han/hon ska kunna känna sig säker, men som ditt Ego nu spär på och överdramatiserar i många lägen. Då detta dessutom så småningom sätter sig i kroppen och ofta resulterar i utmattning eller andra symptom är inte konstigt alls.

Till att börja med är det viktigt att du inte börjar identifiera dig som att du *är* någon som har ångest. Du känner oro och ångest men det är inte något du *är*. Din ångest är bara ett symptom på att du tänker något som inte är sant och det har inget med vem du *är* att göra. Du *är* inte dina tankar. Du har bara en del föreställningar som ditt "inre barn" haft god användning av under lång tid, men som du nu som vuxen ska hjälpa honom/henne att punktera. Hamnar du i att göra A.N.D.A.S. så kommer ditt "lilla jag" visa dig hur det känner och ni kan tillsammans få utlopp för de känslor som någon gång blivit undantryckta eller helt förnekade då fokus låg på att bara överleva den fysiska eller mentala smärta som uppstod när du kanske behövde fly undan eller slåss för livet. Nu har ni chansen att släppa ut de instängda emotionerna i en trygg famn. Han/hon i din/ditt vuxna jags och du i ditt Sanna Jags.

När det gäller just ångest, som ju kan verka skrämmande speciellt om du har panikattacker ibland, så kan det vara en framkomlig väg att börja med att skriva ner de rädslor du har och sedan falsifiera dem. Ta ett blankt papper och skriv ner saker du oroar dig över. Pengar, hälsan, relationer etc. Vad är det värsta tänkbara scenariot i varje enskild fall? Däri ligger din begränsande falska föreställning. Att du kanske måste flytta hem igen till dina föräldrar? Hur ser du på det? Är det andras syn på detta som skrämmer dig? Dömer du dig själv som misslyckad? I så fall varför? Har du levt efter dina egna premisser eller är du, som många andra, egentligen oskyldig till att du hamnat där du är då samhället inte stöttat dig i att bli den du i sanning är. Om dina kompisar dömer dig kanske de inte är så bra kompisar? Att börja om ända hemifrån kanske skulle vara det bästa som hänt dig. Att säga upp sig från ett jobb eller en relation som inte fungerar är kanske inte att misslyckas utan att vara förståndig och ta ansvar. Jobbar man med sig själv så blir, som jag också varit inne på tidigare, en gnatande mamma inte lika besvärlig längre då du vet att hon har sina oläkta sår och nu har du läkt några av dina så hennes spydigheter biter inte längre lika hårt.

Troligtvis kommer ett mönster att uppdaga sig. Rädslor är, som sagt, ofta inblandade i de begränsande föreställningarna och det är de som blivit dina guider i liver för att hålla dig trygg och säker. När det börjar visa sig att du får panik varje gång din pojkvän lämnar hemmet är det dock dags att ta tag i de emotioner som kommer upp istället för att fortsätta distrahera genom kakbak eller dylikt. Finns ju en gräns för hur mycket kakor en frys kan härbärgera.

Så klart är det bra att ha saker att ta till om det är en panikattack på gång, men om du kan fånga upp känslan av separationsångest så fort tiden är inne för att ni ska skiljas åt så sätt dig med den och processa. Börja kanske med att lägga handen/händerna på hjärtat och andas några djupa andetag. Säg gärna Ramsan (inlagd efter detta stycke) och hitta sedan något att vara tacksam för. Man kan, som sagt, inte vara rädd och tacksam samtidigt. Likaså är det bra om du sedan kan utföra en kärleksfull handling. Har du ett husdjur så ge den något extra gott och krama det extra hårt.

När värsta paniken lagt sig sätter du dig och processar. Jag är övertygad om att känslorna finns kvar i någon mån och det handlar nu om att fånga upp dem igen och våga att i ditt Sanna Jags famn ge dig hän. Du är älskad, trygg och hållen. Börja med Ä.L.S.K.A.D., men som alltid kommer det upp tidiga barndomsminnen så gör du A.N.D.A.S.

Ramsan:

Jag är älskad, trygg och hållen

Kanske känner jag mig rädd
Kanske känner jag mig osäker
Kanske känner jag mig ensam

*... men jag vet att jag **alltid** är ÄLSKAD, TRYGG och HÅLLEN*
i ljus, i värme och i kärlek.

När det gäller starka rädslor så kan som sagt traumana vara mer åt det dramatiska hållet, men det är aldrig farligt att försöka göra detta själv. Hjärnan/Egot är expert på att hålla oss trygga, tro det eller ej, men den släpper inte upp något som vi inte är beredda att ta hand om faktiskt. Är det rätt för dig så kommer minnena. Det du kan göra är ändå att öva upp din förmåga att slappna av genom att göra Morgonmeditationen ett antal gånger under en period, och även öva på att processa andra triggers du säkerligen får ibland, innan du kanske sätter dig efter en panikattack. [Obs! Morgonmeditationen är inte inkluderad i denna bok.]

Triggas du inte ofta och behöver lite hjälp så gör skrivövningarna när du har koll på läget och mår rätt så bra. Det är ett sätt för dig att börja närma dig ditt "inre barn", och kanske känslor eller minnen dyker upp från barndomen även här. Att över huvud taget börja återbekanta dig med dig själv kan vara en framkomlig väg. Kanske ett fotoalbum kan hjälpa till. Men återigen är det mycket viktigt att när väl känslor kommer så ska du låta dem flöda på ett bra sätt. Alltså inte utifrån ett offers perspektiv genom Egot, utan med hjälp av ditt Sanna Jag låter du stolt och kärleksfullt dina emotioner komma upp och ut. Håll ditt Ego borta enligt instruktionerna och låt ditt "lilla jag" få gråta ut, men i samma veva få veta hur fantastiskt bra det klarat av allting. Det har gjort allt rätt annars hade ni inte befunnit er här nu redo att lösa upp det som inte känns bra och inte gynnar er längre.

Väldigt viktigt här att alltså inte låta Egot börja tänka på de historier som utspelats (vem gjorde vad mot vem), utan så fort känslorna kommer släpper du alla bilder av vad som hänt och fokuserar helt på de nakna emotionerna. Gör du A.N.D.A.S. (som du får lära dig lite längre fram) så har du fokus på ditt "lilla jag" men är inte dömande gentemot någon utan tar den vuxnes roll och stöttar och berömmer.

Har du läst så här långt i denna bok och kunnat ta in i alla fall hälften så har du nu förhoppnings också en lite annan ingångsvinkel på hur sakers natur är. Att bli lämnad ensam är inte att bli övergiven och helt själv. Du är aldrig själv. Som jag nämnt tidigare så finns där alltid någon som iakttar dina tankar. Denna individ är ditt Sanna Jag och den vill inget hellre än att du ska vara lite mer för dig själv så att ni kan höra varandra bättre. Är det en röst i ditt huvud som säger något som inte känns bra så är det ditt Ego som säger något som inte är sant. Utmana ditt Ego. Ställ frågor. Om jag nu vet att andras åsikter oftast bottnar i deras egna osäkerheter och jag vet att kritik jag får som gör ont inte handlar dem (de som yttrar den) utan om att jag av någon anledning håller med om den och dömer mig själv, så borde det stå klart att vägen framåt är att dämpa Egot och släppa upp emotionerna så att de falska föreställningarna löses upp. Har du gjort bort dig, haft "fel" kläder på dig till en fest, glömt städa toaletten och ditt Ego håller dig vaken på natten så andas, säg åt Bidrottningen att tysta sina bin på valfritt sätt och gör Morgonmeditationen. Avsluta med att lägga ihop handflatorna och prata med ditt Sanna Jag. Säg att du är trött på ditt Ego och vill förändra dina tankemönster.

Kommer det absolut värsta scenariot upp (att du ska dö) under övningen med att skriva ner värsta scenarier, så sitt med denna känsla också. Älta inte några historier kring om hur andra skulle se detta öde eller vart du kan tänkas hamna efter att du dött, utan sitt endast med emotionerna. Kommer det en panikattack så har du troligtvis ändå tänkt på något och då kan det vara läge att avbryta och distrahera med lugn och fin andning och Ramsan, eller vad du själv kommit fram till fungerar bäst.

Om du dock klarar att sitta med emotionerna och kan låta dem expandera maximalt, enligt instruktionerna till processerna (som vi kommer till strax), så bevisar du för dig själv och ditt Ego att när jag blir lämnad ensam så dör jag inte. Det är faktiskt svårt att dö!

När du sedan processat så har du omprogrammerat en av de mest begränsande föreställningarna, och även om du fick avbryta så har du medvetandegjort för både Egot och ditt Sanna Jag att du nu inte längre är så lättlurad utan själv kan ta reda på och avgöra vad som är farligt eller inte. Du har nu börjat bemästra det svåra livet på jorden och du gör det med bravur. Heja dig! Har du ofta dödsångest kan jag också rekommendera "det ultimata testet" under rubriken med samma namn. [Kanske att du ska börja jobba lite med processande innan du gör denna övning då din tillit till ditt Sanna jag kan behöva arbetas upp lite först för att du ändå ska våga genomföra testet fullt ut.]

Likaså vill jag här upprepa att för både ångest och rädsla så är ett snabbt och effektivt sätt att komma ur denna känsla att finna någon som behöver dig här och nu. Man kan nämligen inte vara i ett givande av kärlek och vara rädd samtidigt. Låt inte ditt Ego styra utan känn in om du har någon du vet behöver hjälp eller kanske du har ett husdjur som behöver din tillsyn och kärlek. Gör något för någon annan och påminn dig om vem du i sanning är. Precis som uttryck av tacksamhet så är uttryck av kärlek och omtanke nämligen inte möjliga att kombinera med rädsla och ångest.

Vill också upprepa att ångest är ett kvitto på att du börjar bli mer medveten eller snarare börjat genomskåda, från ett högre perspektiv, hur livet faktiskt kan te sig ganska meningslöst. Vi föds, kämpar, jobbar, är lite glada ibland och sen dör vi. Oavsett om du känner en viss framgång i livet eller inte så kommer iakttagelser som dessa att krypa upp till ytan förr eller senare. Oftast sker det under en period i livet som inte är så framgångsrik, men det kan lika gärna komma när livet är på topp. När karriären nått sin "peak" och du förväntas vara hur lycklig som helst. Varför öppnar sig då ett svart hål i dig? Vi ska titta lite närmare på detta under rubriken "Det ultimata testet".

[Vill här lägga till en ny text som inte var med i urklippet från "Tänk om ...⁄!". Detta med tanke på att jag i denna bok inte tar upp så mycket om vad som triggar ångest i vår vardag med avseende på vad vi fått lära oss är exempel på ett gott liv och vad som anses vara ett mindre värdigt liv.

Vi har till att börja med ett väldigt stort fokus på pengar i denna del av världen (västvärlden) samt vilka kriterier som ett framgångsrikt liv handlar om. Vi får redan som mycket små lära oss att vi ska *bli* någonting och det kan vara en idé som lärs in via till synes oskyldig förskolepersonal eller mor- och farföräldrar. "Vad vill du bli när du blir stor?" är en väldigt vanlig fråga, men den innehåller tyvärr väldig mycket historia och pålagor av normer och tankemönster vi kanske inte är medvetna om. Varför ska vi *bli* något när vi redan är fantastiska på att vara den/det vi är? Redan i förväntan på att vi ska bli något annat och inte duger som vi är så lär vi oss att det är så det ser ut. Det förväntas att vi ska bli annorlunda och inte minst ska vi kunna komma med en tanke om hur vi ska kunna bidra i samhället för alla andras skull. Jag vet att detta låter provocerande men om vi istället fick lov att bara vara de vi är och får chansen att utforska vad vi vill och är bra på, så löser sig resten och då utan ångestframkallande krav från omgivningen.

Vad har du till exempel för relation till pengar? Ser du det som något gott eller ont? Vet du att det finns tillräckligt med pengar och resurser för att nära världens befolkning flera gånger om, EGENTLIGEN. Brist vi upplever är skapad. Både av andra och av oss själva. Pengar är i sig neutrala och de är tänkta att omsättas hela tiden istället för direkt utbyte av saker som mat, kläder etc. Att lägga dem på hög är inte meningen och att se till att vissa gynnas finansiellt genom att strypa tillgången på olja exempelvis är inte heller tanken. Olja är en naturresurs som det finns oändligt av.

Har man ett bristtänkande eller en rädsla för att pengar är onda, eller för den delen "svaret på allt", det vill säga man har sedan man var mycket liten fått lära sig att det är ont om saker så "dela med dig", pengar är orsak till världens ondska men de är viktiga och eftersträvansvärda, så har man många begränsande föreställningar att ta itu med. Detta är paradoxer som håller människor inlåsta i sina bubblor och skulle de lösa någon eller några av just dessa gåtor och bli välbärgade så kan skamkänslor ändå komma av tankar som "varför ska jag ha en massa när andra inte har något?".

Att vi till exempel spontant "tycker illa" om någon för att de verkar ha mycket pengar handlar om en inlärd föreställning om att är man rik så är man girig, snål och troligtvis lycklig, men väldigt bortskämd och oförskämd. Har själv befunnit mig där till viss del. Inte konstigt då vi lever i en värld där vi jämför oss hela tiden och gärna vill att saker ska vara svart eller vitt. Pengar styr väldigt mycket av våra liv och har man en omedveten avsky för pengar så kommer det leda till att man har väldigt svårt att själv skaffa finansiell trygghet då man i botten vibrerar ut signaler som säger att man inte vill ha pengar då de är av ondo. Jag vet att detta kanske låter lite väl simplifierat eller rent av tramsigt, men faktum är att det är precis så här det fungerar. Vi måste alltså komma åt alla dömande och falska föreställningar vi har om precis allt, och pengar är bara en av många. Kärleken är en annan, som jag snuddat vid tidigare. Att ha ångest över att man inte har funnit den stora kärleken är otroligt vanlig, tillika att vara rädd att bli av med den Kärlek man har.

Nu är det som sagt så att, vad gäller resurser på vår jord, så finns det tillräckligt till alla, men vi har lämnat över makten till styrande att bestämma hur allt ska fördelas. Visst tror vi att vi påverkar genom att rösta fram våra ledare, men faktum är att det egentligen inte spelar någon större roll vem som styr ditt land, vilket du kanske märkt om du är uppåt medelålders. Likaså är det ju, som jag beskrivit för dig, alltid Du som skapar din verklighet. Saken är att från ett högre perspektiv är detta vi upplever på jorden mycket av en ren skola. Vi är här för att lära oss vad exempelvis brist, kärlek, mod, avundsjuka, svek och lust är. Hur känns det? Hur kan jag förstå det så att jag utvecklas till en bättre människa? Att uppleva, och i det fysiska erfara, vad fattigdom är eller hur det känns att faktiskt inse att pengar eller saker inte är allt här i livet, är hur vi erhåller visdom. Likaså är vi här för att njuta så klart. Att känna hur ett saftigt äpple smakar är något helt annat än att läsa om hur det kan tänkas kännas/upplevas. Har du inte erfarit det så är det på sin höjd "kunskap" det handlar om, "inte visdom".

Att vara rik är alltså inte "syndigt" alls, men det är meningen att pengar ska omsättas och användas för att göra gott. Att tycka synd om de som lider eller är fattiga är heller inte effektivt utan dränerande. Föregå med gott exempel och stärk dig själv så att du, om de vill, kan stödja andra i empati och medkänsla, inte med-lidande. Vet att vi inte får utmaningar vi inte innerst inne (vår Själ) vill ha, men att få stöd och ta emot kärlek kan ändå underlätta vår väg och hjälpa oss in-se saker.

För mer tankar om detta rekommenderar jag att du läser min andra bok "Tänk om ...!" där jag mer ingående tar upp flera av dessa koncept.]

Vägen framåt

Att börja leva som sitt Rätta Jag samt komma i kontakt med sitt Sanna Jag och förstå hur saker hänger ihop är, tillsammans med processandet av de känslor som kommer upp när du blir triggad i vardagen, vägen fram till ett lyckligt liv. Allt handlar om att du behöver förstå att det är *hur du själv* reagerar (tänker och känner) på saker som sker som är det viktiga. Hur hanterar du att någon skriker obefogat på dig? Kan du lugnt le tillbaka inkännande, och inte hånfullt, och veta att ni båda är oskyldiga till vad som sker samt att du inte dömer varken dig själv eller den andra? Vet du att den andra har oläkta sår och trauman och att dennes beteende bara är av oförstånd (för att han/hon har något att lära) och inte nödvändigtvis har något alls med dig att göra? Kan du hantera en situation på detta sätt så är det ett tecken på att du själv inte har några triggers kvar och har lyckats radera dina egna felaktiga föreställningar. Att du dragit till dig upplevelsen handlar alltså förmodligen om att du ska göra just denna upptäckt och stärka din självkänsla ännu mer, samt att när du nu kommit en bra bit i din läkning så är det dags att börja dela dina energier och din visdom. Din icke-respons kommer att smitta av sig på den som attackerade och kanske göra denne undrande till ditt agerande och kanske kommer han/hon lite senare tillbaka och frågar hur du kunde hålla dig så lugn i en dylik situation.

Skulle det istället vara så att din reaktion blir att det gör ont i dig och du nästan ögonblickligen svarar med samma mynt i form av något elak kommentar, eller springer gråtande därifrån, så har ett trauma i dig triggats och du använder dig av de strategier ditt "lilla jag" lärt sig använda när det utsattes för ett liknande trauma och inte fick utlopp för de känslor som då uppstod och behövde tas om hand.

Efter en tids arbete med dig själv kommer du att inse hur en situation som denna inte behöver sluta i konflikt då du direkt inser att nu är det två sårade femåringar som står här och gapar på varandra och det enda rätta är att visa att man kan vara "den vuxna" i situationen och vänligt men bestämt säga att man behöver gå åt sidan för att lugna ner sig eller vad som kan passa för stunden. Ens Rätta Jag ser vad Egot håller på med. Man ber om respit för att kunna sätta sig och processa på närmaste toalett eller i alla fall gå undan för att inte göra saken värre. När du förstår att det handlar om triggers i alla sammanhang där negativa känslor kommer upp och det yttras saker som inte kommer från hjärtat, samt du förstå att det är lika för alla, så blir detta med tiden lättare och lättare. Framförallt blir det lättare när du får tryggheten i att du vet att du har verktygen för att ta hand om dina känslor. Denna trygghet är ovärderlig då den ger dig säkerheten att kunna agera annorlunda än du gjort tidigare samt nu kan ta ansvar du tidigare lagt på andra eller omständigheter kring dig. Att du nu tar ansvaret är första steget. Du bejakar ditt värde som människa och tar tillbala din kraft och förmåga att skapa något nytt för dig själv, vilket också i förlängningen kommer att skapa förändringar i din omgivning.

Att fånga upp sitt tänkande och i alla situationer kunna höja blicken och se hela bilden är lösningen på att kunna leva i harmoni med sin omgivning oavsett vad som sker. Att förstå att vi kan välja att se en katastrof i nuläget som en viktig pusselbit för vår fortsatta utveckling och att kunna välja det "högre" perspektivet oavsett vad som sker är en förlösande insikt i början av ditt "tillfrisknande". Ovälkomna händelser är ändå gåvor då du får lära dig något nytt av dem och samtidigt får chansen att vara en spegel för någon annan som behövde situationen kanske mer än du. Allt är orkestrerat så att det ska ge utdelning på bästa sätt för alla. Din respons på händelser betyder allt för hur din genomsnittsfrekvens ligger. Kan du börja se att varje incident, hur besvärlig eller orättvis den än kan te sig, har något gott med sig för dig, så har du förstått principen. Att inse detta i stundens hetta när du blir konfronterad av angrepp kräver övning, och till att börja med kommer du att fortsätta att reagera spontant och troligtvis gå i försvar på något sätt, men med lite övning och ju mer du transformerat dina felaktiga föreställningar/"läkt dina inre sår" så kommer det att gå lättare och lättare. Du kan då också förlåta dig själv direkt genom att se att du i botten är oskyldig och inte dömer vare sig dig själv eller andra. Alla gör så gott de kan i varje levande sekund (vilket jag återkommer till under nästa rubrik). Du blir efterhand en Jedi i alla scenarier. Hur du ska nå detta är vad jag kommer till härnäst.

Som avslutning här och som övergång till nästa rubrik vill jag nu flika in att om du spelat dataspelet Sims (eller liknande spel) någon gång så har du en liten fördel i hur du kan tänka kring att släppa föreställningar. Man kan nämligen göra en liknelse mellan ditt eget liv och att se hur karaktärerna i Sims utvecklas när du låter dem vara med om saker. Din personlighet formas efter dina upplevelser men nu ska du med lite fusk snabbt ändra din sims karaktärsdrag. Du ändrar direkt i din sims profil *genom att energimässigt skriva om instruktionerna, vilket vad jag förstått **inte** är möjligt i spelet som sådant.*

FRIGÖRELSEPROCESSEN

Här kommer så en genomgång av hur du kan jobba med just att släppa upp instängda känslor, eller då hellre emotioner/energier, och på så vis göra dig av med de falska uppfattningar och trosföreställningar du har (dammtussarna och smutsen på lampan). De instängda känslorna är egentligen energiblockeringar som hindrar flödet av livskraft i din kropp. De är kopplade till den mentala kroppen och de minnen och föreställningar du har där. Att processa handlar om att få dessa instängda energier att röra på sig och till slut lämna hela din kropp.

Falska föreställningar kan handla om att du exempelvis "är oduglig", "mindre värd än andra", "icke älskvärd" etc. Det är ofta så att vi blir triggade i vardagen av saker som vi tror handlar om att vi inte kan saker lika bra som andra, inte förmår älska oss själva eller känner oss dömda så fort någon tittar lite för länge på oss i matkön. Dessa snabba tolkningar vi ofta gör är Egots sätt att reagera på saker utifrån minnen vi har men framförallt utifrån ytligare föreställningar som vi är medvetna om. De större djupare föreställningarna, som de mer ytliga ofta är kopplade till, ligger oftast i det undermedvetna och det är en liten balansgång att kunna släppa upp instängda känslor/energier utan att befästa dem ytterligare. Befästa/bekräftade blir de dock ofta om vi under det att vi känner något låter vårt Ego samtidigt tjattra på om vad som precis hänt, hur dumma folk är eller hur livet är orättvist etc.

De föreställningar du har som inte gynnar dig längre då du inte känner dig helt lycklig grundar sig i botten på någon form av rädsla. De kom till för att du behövde hantera någon form av obehag eller för att du helt enkelt blivit itutad att detta ska du tro på för annars kommer det inte gå bra för dig, det vill säga även samhällsnormer etc. har inpräntats genom rädsla. Det är oftast dock välmenande föräldrar som lärt dig vara rädd för mycket, men hur som helst så visar det sig nu att dessa föreställningar inte fungerar för dig längre och ditt "lilla jag" som en gång tog till sig dessa från omvärlden eller skapade sig egna om sig själv, nu behöver få veta att det "är över". Han/hon gjorde helt rätt, var oskyldig och du är oerhört tacksam över att han/hon lyckades finna på strategier för att ni skulle överleva, vilket ni ju bevisligen gjort, men nu är det alltså dags att du som vuxen låter både dig själv och ditt "lilla jag" bli befriade från dessa föreställningar.

Du ska nu lära dig bli vän med dina rädslor genom att bli medveten om dem. Det är hela ditt känslospektrum som ska hjälpa dig med detta. Dina känslor (ditt känslosystem) är egentligen ett verktyg för att ditt Sanna Jag ska kunna kommunicera med dig om när du tänker fel i förhållande till vem du egentligen innerst inne är och vad du står för. Ett system som alltså nu är i stort sätt helt kidnappat av ditt Ego och som använder det nästan fullt ut till att endast ge dig problem i form av oro, smärta och ångest i olika grad.

Din sanna essens är kärnan av ditt Sanna Jag och *är* i Anden i lampan. Denna Ande finns i varje cell av dig och även runt dig någon dryg meter åt alla håll. Ditt Sanna Jag håller dig hela tiden i sin famn och vet alltid varför du gör saker, dömer aldrig dig och älskar dig villkorslöst vad som än händer. Det ger dig genom din intuition lite hintar om vilken väg du ska gå, om/när du är öppen för att lyssna, det vill säga när du väljer att inte lyssna på ditt Ego.

Ditt Sanna Jag vet vart du är på väg och att din fria vilja ibland tar dig omvägar kring för att nå dit du ska men det är alltid okej. Ju fler omvägar du tar desto mer får du ju uppleva och lära dig på vägen. Att du nu känner att det är tid att börja samarbeta med ditt Sanna Jag och slippa känna smärta dagligen är bara tecken på att du är klar med den första delen av ditt liv. Är du inte så gammal så är det helt enkelt så att det inte var tänkt att du skulle lida så mycket innan du vaknade upp och ville förändra dina tankemönster och börja leva mer medvetet.

Förlåtelse

Det kan vara läge att här också förtydliga vad som menas med att du och alla andra alltid är oskyldiga och förlåtna. Det är nämligen så att vi alla alltid gör så gott vi kan med det vi har med oss av erfarenheter och förmågor. Vi har alla glömt vilka vi i sanning är och att vi inte alls är så hjälplösa som vi tror. Det är våra upplevelser som format oss och även om det skulle ligga en hjärnskada bakom som gör oss extremt aggressiva eller icke empatiska så är det ju inte då heller genuin illvilja som styr. [Det finns genuin illvilja på jorden och människor som valt att gå en väldigt mörk väg medvetet men de är väldigt få och finns garanterat inte i din närmsta närhet, om du inte är toppolitiker eller finansman på global nivå.]
Kan man förstå detta så förstår man också att det egentligen inte finns något att förlåta. Har någon kastat sand på dig i sandlådan så gjorde han eller hon det inte av genuin elakhet utan av oförstånd, spänning, hävdelse eller bara för att få uppmärksamhet, vilket även då har en orsak i att något gått snett tidigare och behöver ses över. Är du den som fått sanden på dig så kan du alltså lätt förlåta vederbörande och detta får du göra i processen A.N.D.A.S. längre fram. Är du istället den som kastat sanden så får du förlåta dig själv och känna in vad som kanske låg bakom ditt beteende och hjälpa dig själv få utlopp för det obehag ditt "lilla jag" känt under den traumatiska

händelse som lett till att du nu kastade sand på dina kamrater. Faktum är att du dessutom får förlåta dig själv i båda fallen vilket jag återkommer till strax).

Förlåtelse är dock egentligen inte nödvändigt då vi i botten alla är oskyldiga till vad vi gör eller har gjort, men det är en så pass inbyggd funktion i vårt medvetande idag att det är ett utomordentligt verktyg för att komma till avslut och släppa kopplingar till andra personer och relationer vi haft. Även om relationerna som sådana tagit slut så är våra kopplingar kvar energimässigt så länge vi minns dem. Minnen som i sin tur bygger på våra inrotade föreställningar som nu alltså ska transformeras så att vi kan börja agera som de fria, äkta individer vi egentligen är. Fria blir vi när vi kan frikoppla oss helt känslomässigt från tidigare händelser, och där är förlåtelse som sagt ett ypperligt verktyg.

Oavsett vad som skett i din barndom så har ditt "lilla jag" dessutom ofta tagit på sig skulden för hur han/hon hanterade en traumatisk händelse oavsett vems "fel" det var. Han/hon gjorde så gott han/hon kunde utan att få det stöd han/hon egentligen behövde. Ungefär som när barn till separerade föräldrar i missförstånd tar på sig skulden för ett misslyckat äktenskap, så tar små barn på sig skulden för att de inte kunde stå upp för sig själva, eller inte kunde springa undan i tid när den där läskiga gubben kom och tafsade på dom. De har så att säga svikit sig själv (den de innerst inne är). Att förlåta sig själv och alla andra inblandade är oerhört viktigt och du kan göra det under processandet så du behöver inte söka upp dem fysiskt för att säga förlåt. Den som i så fall skulle få höra ursäkten kanske inte alls är där du är mentalt och det uppstår då kanske istället en ny osund koppling er emellan.

Älskad, trygg och hållen

För att kunna komma vidare och nu verkligen våga göra det förändringsarbete som krävs för att kunna bli kvitt de instängda emotionerna och de begränsande föreställningarna föreslår jag att du redan nu sätter dig med rak rygg, tungan i botten av munnen och händerna i knät med handflatorna uppåt och sedan tar ett par djupa andetag in genom näsan och ut genom munnen. Följ luftflödet in genom näsan, ända ner i magen och sedan tillbaka ut genom munnen. Det tredje andetaget tar du istället in genom din hjässa, alltså uppepå mitten av huvudet. Du andas nu in vitt gnistrande vackert ljus genom hjässan och ner i hjärtat, och sedan under utandningen (i realiteten genom näsan) skickar du ut ljuset till varenda enskild cell i hela din kropp, ända ut i fingertoppar och tår. Se dig själv fyllas av ljus. Du är nu ett med ditt Sanna Jag. Din hjärna och ditt hjärta är i balans och du är inte distraherad av något annat. Under kommande 4-5 andetag gör du detta samtidigt som du inom dig under inandningen upprepar meningen "Jag är älskad, trygg och hållen" och under utandningen riktigt känner in hur detta känns.

Dessa ord är sanningar som du behöver ta in och verkligen förstå att de är just sanningar. Ditt Sanna Jag finns alltid där även om det i all välmening låter dig utforska allehanda smärtsamma upplevelser och känslor. Det finns där alltid i bakgrunden, och om och när du låter det, så kan du känna in dess energier. Det kan vara när du känner total harmoni och lugn, när du skrattar hejdlöst, är euforisk av gudomligt vacker musik eller någon film gör dig lycklig inombords. Det är dock så att även när du känner dig kass och mår pyton så är han/hon alltid där då du inte kan leva utan honom/henne. Det är din livskraft och utanför det fält av energier som du kan känna av så finns där oändlig tillgång på denna kraft bara du vågar slappna av och låta den komma in i din kropp. Det handlar om att du måste våga kapitulera helt i tillit till att du är älskad, trygg och hållen.

Om någon röst inom dig börjar ifrågasätta detta faktum så är det ditt Ego som vill ha din uppmärksamhet. Egot är en funktion ungefär som ett dataprogram som har till uppgift att skydda dig i alla lägen genom att, som jag sagt tidigare, påminna dig om vad som varit och uppmana dig att finna på strategier som ska se till att tråkiga saker inte upprepas. Det är detta dina tankar är upptagna med 90 procent av dina vakna timmar. När du nu snart ska sätta dig och processa känslor för att bli kvitt falska föreställningar så är Egot en figur du behöver hålla distans till än mer koncentrerat än till vardags då, som jag var inne på tidigare, det är oerhört viktigt att inte bekräfta redan befintliga föreställningar under processandet utan hålla tankar i schack och endast låta energierna gör sitt jobb. Skulle det dyka upp minnen från tidig barndom så kan det dock vara läge att göra en annan variant av processen som jag också kommer att beskriva här nedan under rubriken A.N.D.A.S.

Ä.L.S.K.A.D.

Nu är det så dags att läsa på om hur kan processa. Processen gör du sedan när du upplever någon form av obehag. Ofta handlar det om att du har en reaktion på något som är starkare än situationen egentligen kräver. Du blir triggad av något, det vill säga när du upplever något som får dig att känna att du behöver försvara dig mot något som sagts till dig som inte kändes bra, du blir arg/ledsen/rädd eller helt enkelt upplever smärta av något slag. Kan även vara att du kommer i kontakt med en känsla när du ser något i en film eller du börjar tänka på en tidigare incident på jobbet eller dylikt. Oftast är det en överreaktion på något som hänt, men i stunden verkar din reaktion helt logisk och riktig, vilket alltså är ditt Egos förtjänst. Känns det inte bra och du hamnar i konflikt eller har behov av att gå undan så har du garanterat triggats och behöver processa de känslor som kommer upp. Det kan vara en sådan enkel sak som att någon ber dig flytta på din handväska som står i vägen för vederbörande av någon anledning och du känner direkt hur det knyter sig i magen eller gör ont i bröstet och du slänger ur dig någon spydig kommentar tillbaka, antingen direkt eller något senare. Att iaktta hur du beter dig i situationer som dessa är A och O för att komma vidare i detta arbete med dig själv. Att se hur varje liten gest eller elak kommentar kommer från ett sårat Ego, eller ditt "lilla jag" är viktigt och att då våga ta ansvaret för vad som sker är vägen framåt. Du tar ansvar genom att inse att du blivit triggad och behöver ta itu med någon form av trauma du har från när du var liten. Du låter ditt Rätta Jag ta kommandot och inser att du behöver acceptera att något skett tidigare i ditt liv som nu gör sig påmint, ungefär som när en ruga (sårskorpa) pillas bort från ett sår. Du förstår att detta inte har någonting alls att göra med den andra parten som råkar vara delaktig i den situation som nu utspelar sig. Du vet att ni båda bara är varandras spegelbilder och att händelser bara är till för att ni ska få tillfälle att just uppdaga vad ni har att jobba med i form av instängda emotioner och falska föreställningar. Har den andre som är involverad i händelsen inga sår som triggas så kommer han/hon inte att reagera och "slå" tillbaka då dina ord inte träffar några dammtussar som drar igång en känslostorm. Möjligtvis ler denne/denna då istället bara tillbaka och tänker att nu är min sambo väldigt trött och blev nog lite triggad av det jag sa. Det vanliga är dock att båda triggas och en konflikt är oundviklig.

Det lägger sig kanske efter en stund och om ni gått skilda håll så kanske någon ringer och ber om ursäkt. Detta kan så klart kännas bra för båda, men det har inte skett någon läkning för någon av er. Har den som inte ringde till exempel istället gått och tyckt synd om sig själv eller börjat tvivla på kärleken ni har för varandra, så har det tyvärr istället skett ett bekräftande av djupa föreställningarna som "jag är värdelös" eller "jag är icke älskvärd". Dammtussar växer och ångesten lurar bakom hörnet.

Så fort du uppmärksammat vad som skett så försök alltså lugna situationen och om möjligt be om ursäkt, eller i alla fall säg att du känner att du inte förmår diskutera mer just nu utan hoppas att ni kan återuppta diskussionen vid ett senare tillfälle när du kan se mer klart på saken. [Personligen gjorde jag så att jag helt enkelt berättade vad som skett och att jag behövde några minuter för mig själv för att reda ut saker, samt då också förtydliga att det endast rörde mig.] När det sedan blir läge så sätter du dig enskilt och gör den process nedan som jag kallat för Ä.L.S.K.A.D.

I och med att du nu sätter dig för att processa så innebär det som sagt att du tar ansvar för dig själv. Du accepterar att saker hänt under ditt liv som påverkar dig idag men att du nu är villig att förändras. Börja med att försöka ta några andetag in genom näsan och ut genom munnen. Följ luftströmmen ner i magen och tillbaka ut genom munnen. Fokusera helt på att följa luften in och ut. Släpp omvärlden. Den är en teaterscen och du ska nu stanna upp en stund för att skriva om manus. Du ska också veta att du nu redan har tagit ett stort ansvar och har signalerat till ditt Sanna Jag att du är redo att börja förstå mer av vem du egentligen är. Du (ditt Rätta jag) är Kung/Drottning över ditt liv och med ditt Sanna Jag/din Ande i lampan ska ni nu tillsammans göra er av med de energier som inte hör hemma i ert Rike. Energiblockeringar av instängda känslor som ju egentligen är e-motioner (det vill säga "energies in motion" som alltid vill röra på sig men som inte kunnat). Detta ska ske så långt möjligt utan inverkan av tankar av något slag. Egot ska alltså hållas borta och ett sätt att göra detta på är att fokusera på hur känslorna verkligen känns, kanske vilken färg de har och var de befinner sig. Dessutom är just vetskapen om att du (ditt Rätta Jag) inte är ditt Ego eller dina tankar (ja, inte ens dina känslor) den insikt som gör att du kan styra undan de försök som görs för att få dig ur balans. Vet att alla eventuella rädslor som kommer upp är Egot som bråkar med dig. Tankar om att "det är någons fel", "varför händer detta mig" etc. etc. Beröm istället dig själv och säg till ditt Ego att nu börjar ni en ny resa tillsammans som ska gynna er båda i slutänden.

Eftersom du blivit triggad så har du nu kontakt med emotioner som vill kännas och tranformeras. Se till att de inte trycks undan utan låt dem flöda medan du sätter dig bekvämt med rak rygg, (inledningsvis) lägger vänster hand på hjärtat, tungan i botten på munnen, andas med öppen mun och börjar känna, känna, känna ... i **vetskap om att du** ...

Ä – Är okej annars skulle du inte överlevt ända fram till nu.

L – Låter det ske i full tillit. (Du har inte hela bilden, det har bara ditt Sanna Jag.)

S – Ser det som en gåva du nu ska få då energierna ersätts av mer av ditt Sanna Jag, vilket ökar din visdom på alla plan.

K – Kommer vara i trygga händer under hela processen, i ditt Sanna Jags omfamning.

A – Alltid är oskyldig och förlåten, precis som alla andra.

D – Du är älskad, alltid, oavsett omständigheter.

Känn, känn, känn och låt känslorna bubbla i dig och sprida sig hur de än vill. Hindra dem inte. Iaktta hur de rör sig. Var är de som mest rotade? I hjärttrakten eller i magregionen? Har de någon färg? Låt dem bubbla upp likt kolsyrevatten. De brukar bubbla uppåt och kanske du kan följa deras bana upp genom bröstet och vidare upp genom hals och strupe. Skynda inte på utan bara iaktta. Kanske du börjar rapa eller gäspa. Helt normalt och jättebra. När bubblorna börjar komma uppåt huvudet så låt dem fortsätta ut genom hjässan och förvandlas till gnistrande vitt ljus. Som du vet är energi inte möjlig att förstöra utan kan bara omvandlas, så nu blir dessa energier först vitt ljus men försvinner så småningom som genomskinlig luft bort ur sin åsyn bortanför dina egna energifält.

Vill du kan du här jobba med liknelsen av dammtussarna och se hur de löses upp och sprids först ut i din nuvarande vackra ljusenergibubbla, vidare genom ditt Sanna Jags färgsprakande regnbågsfärgade plasmafält och sedan ut i det omkringliggande fältet/havet där de övergår till högfrekvent ljus och därefter försvinner helt. Gör det som känns mest naturligt för dig och det som verkar ha bäst effekt i att hålla tankar borta. Att fokusera på att saker händer fungerar ofta väldigt bra mot ett envist Ego.

Starka känslor kan så klart kännas skrämmande men upprepa då orden att du alltid är **älskad**, **trygg** och **hållen** och vet att, även om du inte ser eller känner det just nu, så är ditt Sanna Jag hela tiden närvarande och håller om dig. Du kan börja ska skaka lite eller, som jag nämnde rapa, men det är bara kvitto på att bra saker sker och att du är jätteduktig som vågar låta det ske. Händer inget exceptionellt så är också det okej. Att du känner energierna är fullt tillräckligt (det vill säga känner känslorna).

Få inte panik om det tar tid. Det tar den tid det tar och du ska veta att faktumet att du nu bara börjat processa har redan gjort jättestor skillnad. Håll tankarna borta bara. Inget av detta har egentligen med vad som nyss hänt att göra förutom att det var en gåva till dig att nu kunna börja släppa ut de saker ur ditt fält som inte hör hemma där och inte är i balans med den du i sanning är.

Behöver du så upprepa meningarna ovan för att hålla dig på rätt väg medan du processar. Du Är okej. Låter processen ske i full tillit. Ser gåvan i det hela. Kommer vara i trygga händer hela tiden. Är Alltid oskyldig och förlåten. Du är alltid älskad. Samt påminn dig om att du är **älskad, trygg** och **hållen**.

Börjar tårarna flöda så är det fantastiskt bra det också. Kroppen vet vad den ska göra och hur den ska jobba på bästa sätt. Detta är inget nytt utan en del av att vara människa. Bara se till att inte Egot kommer in (det vill säga tankar om skuld och skam - vem som gjort vad och att det är synd om någon.)

Börjar du istället känna en rädsla över vad som ska hända så ta till Ramsan och kanske lägg dig ner så att du kan slappna av optimalt och känna in hur ditt Sanna jag finns där och håller dig i sin famn. Känner du att du absolut inte vågar fortsätta själv så kom ihåg att detta är helt okej. Du har inte misslyckats på något sätt. Du har satt igång processandet och det har redan gjort nytta så beröm dig själv och säg till dig själv att "nu var jag modig som gjorde detta" och "jag ska fortsätta vid ett senare tillfälle". Kanske du kan be någon vara med dig när du processar nästa gång. Eller bara försöka igen. Det är ju så att positiva förändringar har redan skett i dig och du (och ditt Ego) kommer att få mer och mer tillit till ditt Sanna Jag ju mer du vågar och ju mer du får igång din inre dialog med Egot som fortfarande håller dig lite i sitt grepp, (men det lossnar snart). Det är lite som att trotsa en rädsla som inte är befogad. Som extrem rädsla för spindlar. Den skada de kan åsamka dig är inte alls i proportion till den skräck du känner i deras närvaro. Vissa spindlar är dessutom väldigt vackra om man jämför med alla andra småkryp du har i din säng. Skulle du ändå inte våga göra processandet så rekommenderar jag att du försöker hitta en duktig hypnoterapeut eller "Emotion code"-utövare.

När det gjort extremt ont en stund och du sedan känt det bubbla under några minuter kanske du helt plötsligt får en tanke om att det nog är dags att börja med middagen eller något annat som inte alls har med det du håller på med att göra. Detta kan vara ett tecken på att du börjar bli klar. Kan dock också vara Egot men då är det oftast långt tidigare i processen när det gör som värst ont och det försöker distrahera dig med tankar av alla de slag, och då oftast i form av dömande av dig själv eller andra.

Processen kan ta allt från tre minuter till någon halvtimme och du tränar ju upp dig efterhand så att du med tiden kanske inte ens behöver gå undan utan du kan göra detta där du befinner dig. Känslor som inte kopplas till någon historia eller specifika tankar kan passera på ett par tre minuter har studier visat. Det är egentligen så de är tänkta att hanteras. Vi ska känna något och ge utlopp för känslan (som exempelvis visa ilska på ett balanserat sätt utan att åsamka skada på något vis) men inte knyta an till den eller haka upp den på en massa saker. Under barndomen fick vi inte lära oss detta och framförallt var vi ensamma i våra rädslor och gjorde så gott vi kunde. Oftast tryckte vi undan det vi kände och kopplade känslan och upplevelsen till en föreställning om att detta och detta är farligt och det ska vi akta oss för, eller jag är obetydlig och icke älskvärd så det är bäst att hålla mig undan och alltid göra som andra vill.

Märker du att det inte riktigt vill ta slut så handlar det ofta om att du trots allt har ett Ego som börjat lägga sig i och försöker finna på orsaker till *varför* du sitter och har ont utan att göra något åt det. Det försöker kanske då finna orsaker i barndomen eller börjar älta vad som hänt. Blir du varse detta så är det viktigt att du uppmärksammar det och antingen säger Ramsan eller upprepar vad meningarna i **Ä.L.S.K.A.D.** står för. Hitta fokus igen och kanske prova dammtussarna om du inte gjort det.

Hjälper inte något av detta så beröm dig själv för att du jobbat på bra och troligtvis har släppt upp mycket men behöver fortsätta vid ett senare tillfälle. Superviktigt alltså att inte döma dig själv här. Detta är, som jag sa tidigare, enkelt men inte lätt, särskilt inte i början, och du kan vara 100 procent säker på att om du fortfarande har saker att släppa så kommer snart ett nytt tillfälle för dig att göra detta.

Blir du avbruten av din omgivning och inte blev "klar" så vet att det viktiga är att du känt in att det vänt en aning, det vill säga att du helt enkelt bara känt att något rört på sig. Processen sköter sig egentligen självt och fortsätter även om du blir störd eller inte kan fortsätta just nu. Det är dina intentioner och din förmåga att släppa kontrollen en stund som sätter igång det hela och det kan som sagt inte misslyckas. Att vi vill känna hela processen fullt ut är för att ge så utrymme för så mycket som möjligt att lämna oss och transformeras vid ett och samma tillfälle. Det är ett effektivare sätt att jobba helt enkelt.

Blir du störd av att det kommer upp minnen från tidig barndom (0 till cirka 7 år) så hoppa till nästa rubrik **A.N.D.A.S.** Det är då ditt Ego som kommer in och vill skydda dig genom att påminna dig om vad du varit med om tidigare så du inte ska göra samma misstag igen. Helt normalt och du har inte misslyckats på något sätt.

Det kan även vara så att du, när du suttit en stund, helt plötsligt förstår varför du reagerade som du gjorde när du blev triggad, framförallt när du gjort processen några gånger. Du får en Aha-upplevelse. Det står klart för dig vad själva läxan är. Du förstår att orsaken till att det gjorde så ont när din flickvän inte ville kramas just nu var för att du är oerhört rädd att bli lämnad. Du känner en väldig osäkerhet kring ditt värde som flickvän, men också om du över huvud taget är älskvärd då du själv inte älskar dig själv särskilt mycket utan faktiskt dömer dig själv konstant både för ditt utseende och för det du "inte kan". Du inser att du dömer andra väldigt mycket hela tiden och det är vad ni alltid gjort i familjen så det känns naturligt, men det går nu upp för dig att du egentligen inte har någon som helst rätt att döma en annan människa. Vi gör alla så gott vi kan hela tiden och vad andra valt att vara med om i livet har du ingen aning om. Detta är ditt Sanna Jag som ger dig en lektion i kärlek och det är bara att tacka och ta emot. Låt inte Egot gå in och börja döma dig för den du varit eller det du gjort utan tacka för insikten och känn hur det lättar i energierna.

Det kan också, som exempel komma, upp en bild som förklarar att du känt ångest över att bli lämnad ensam varje gång telefonen ringer, för när du växte upp jobbade din mamma skift på sjukhuset och blev inkallad sent på kvällar och nätter och kom ibland hem väldigt ledsen då något dödsfall kanske inträffat. Du kunde inte förstå riktigt, och du kunde inte heller trösta henne. Du har därför haft en inbyggd rädsla som slår till varje gång en telefon ringer. Att göra A.N.D.A.S. behövs troligtvis inte då du genom Ä.L.S.K.A.D. släppt ut alla energier. Blir du dock fortfarande triggad framöver när det ringer så kan det vara idé att prova att "gå in i minnet" om det är från riktigt tidig ålder. Var inte orolig över att samma rädslor triggas i dig om och om igen fast du processat. Det kan vara många lager och många olika föreställningar som kopplats till samma trauma så det är bara att jobba på.

Det kan också mot slutet av ett processande komma upp ett svar på saker som inte verkar höra ihop med det som triggat dig. Som varför du har svårt att sova då det kanske flera gånger nattetid kom dödsbud till familjen när du var liten, eller din pappa kanske blev svårt sjuk mitt i natten när du var i femårsåldern och din mamma aldrig riktigt blev sig lik efter det. Svaren kan komma på vad du varit med om men, som jag sagt tidigare, det är inte nödvändigt att veta *exakt* vad som hänt utan bara processa och se sedan i vardagen vad som förändras. Får du lättare att sova? Kommer inte ångesten när mobilen ringer? Känner du inte panik när pojkvännen måste åka iväg fast ni planerat annat?

Vi behöver heller inte förstå eller greppa exakt *hur* allt detta sker utan bara vila i tryggheten at kroppen vet vad den gör och att vårt Sanna jag har allt under kontroll och det vi släpper är borta för evigt. Avsluta nu processen, om du har möjlighet, med att andas in det vita gnistrande ljuset från ditt Sanna Jag/Anden i lampan. Ner i hjärtat och ut i kroppens alla celler. Tacka gärna ditt Sanna Jag för hjälpen, men framförallt tacka dig själv för att du gjort detta arbete oavsett hur det kändes och hur du tyckte att det gick. Ditt Ego kan säkert ha åsikter om ett och annat men nu vet du att detta bara är ett (data)program till för att skydda dig från faror som du inte längre uppfattar som just faror. Man kan likna Egot vid ett datavirus, men det är egentligen en funktion som idag missförstått sitt uppdrag lite och behöver din guidning. Du ska nu börja förlita dig mer på din rena intuition. Egot är din personlighet och nu har du börjat resan mot att finna din genuina identitet bortom din personlighet.

Du kan känna dig lite öm i bröstet efter allt energiarbete men det är helt naturligt och kommer att lägga sig. Likaså kan det strama lite som om du har mer att släppa, men det är helt okej det också och kommer att avta inom kort. Som sista tips vill jag be dig röra lite på dig. Stretcha, dansa eller skaka loss lite. Att göra några "jumping jacks" (sprattelgubbar) är jättebra då det får energierna att röra på sig lite extra.

Bra jobbat! Ditt Rätta Jag har nu vuxit och det exponentiellt. Det är inga små kliv som tas utan för varje gång du gör detta lättar det betydligt i ditt inre. Du kanske inte tycker dig märka något direkt påtagligt, men efter hand kommer du se att du förändras genom att du inte tar så hårt på morgångar till exempel, eller du blir varse att du förstå varför andra beter sig som de gör och kan vara mer överseende, vilket håller ditt humör uppe och du börjar så smått skapa dig ett nytt liv.

A.N.D.A.S.

Skulle det, som jag var inne på tidigare, vara så att det till synes automatiskt kommer upp äkta barndomsupplevelser från det du var upp till cirka sju år under tiden du gör Ä.L.S.K.A.D. så har jag här ytterligare en process att ta till som jag kallat A.N.D.A.S. Är du osäker på hur tidigt minnet är så klarnar det troligtvis under processandet eller så avslöjar ditt Ego att det är en ledsen tonåring det handlar om, vilket då betyder att du ska fortsätta med Ä.L.S.K.A.D. nu eller senare.

Fortsätt känn, känn, känn men avsluta nu alltså Ä.L.S.K.A.D. och övergår till att iaktta dig själv i detta minne som dykt upp och deklamera följande, högt eller tyst för dig själv.

A – Accepterar att jag varit med om detta och trycker inte undan.

N – Nu är jag redo att se vad som hänt och att hjälpa mitt "lilla jag" att i en trygg famn få ge utlopp för det som skrämde

D – Detta är en hälsning och en gåva från mitt Sanna Jag som pekat ut minnet

A – Alla är oskyldiga

S - Så nu kan jag FÖRLÅTA

Som ramsa: Jag **A**ccepterar **N**u **D**etta. **A**lla är oskyldiga, **S**å nu kan jag FÖRLÅTA

Jag är älskad, trygg och hållen.

Att **acceptera**, inse och förstå att du varit med om saker som liten är oerhört viktigt för att du ska kunna komma vidare i Frigörelseprocessen över huvud taget. Det är tyvärr så att många inte har några bilder eller aningar alls från sin barndom då de varit tvungna att helt lägga det i glömska för att kunna fortsätta leva. Det var i sig en överlevnadsstrategi och ska respekteras och ses för vad det är. Alla strategier vi tagit till som små ska äras och berömmas då vi som oskyldiga små gjorde vad vi behövde göra för att klara att fortsätta existera. När du nu börjar låta emotionerna flöda som varit nertryckta så länge så kan det alltså dyka upp saker du inte visste om att du varit med om. Riktigt otäcka saker ligger ofta helt i det fördolda, men kan nu eventuellt komma upp. Du ska veta att det aldrig är någon fara för ditt liv. Du är älskad, trygg och hållen i ditt Sanna Jags kärleksfulla famn. Känner du ändå att ångesten blir för stark så avsluta och tacka dig själv för ditt mod. Tacka likaså ditt "lilla jag" för att han/hon nu visat att det är berett att visa dig vad som döljer sig i ditt inre. Ta sedan upp minnet vid ett senare tillfälle då du har någon hos dig, alternativt, som jag tipsat om tidigare, sök upp en duktig hypnoterapeut eller "Emotion code"-utövare.

När du nu upplever ditt minne så ska du veta att du gör det i detta Nu. Du går alltså inte tillbaka in i den fysiska situationen som hände då utan du skapar egentligen ett nytt minne här och nu genom att känna energierna och energimässigt, i den mentala sfären, omforma minnet till ett nytt. Genom att förstå att du rent objektivt som ditt vuxna jag (ditt Rätta Jag) tittar på vad som sker nu, känner energierna och låter dem flöda här och nu i ditt Sanna Jags trygga famn så är också ditt Ego mer benägen att släppa taget och låta det ske. När vi får panik handlar det om rädsla att tappa kontroll. Ditt Ego tror att det är "på riktigt" och vill återigen stänga ner och slå på alla kamp-, flykt- eller frysresponser som det känner till. Saken är att det egentligen bara finns här och nu. Vi reser alltså inte tillbaka i tiden in i något minne utan du plockar upp emotionerna och dess föreställningar som du har kopplade till minnet i ditt mentala fält, och ska nu ta hjälp av ditt "lilla jag" för att ni tillsammans ska lösa upp alla kopplingar som finns kring detta minne. Du går här in i din mall/karta för din personlighet och korrigerar missförstånd/felaktigheter och upprättar en ny skiss för vem du är.

Du/ditt Rätta jag säger till ditt Ego att **Nu** är du som ditt "vuxna jag redo att hjälpa ditt "lilla jag" att förlösa det från tvångströjan av ångest och begränsande föreställningar det lever med. Du är redo att ta ansvaret för hans/hennes och ditt välmående. Ni har överlevt ända fram till nu tack vare ditt "lilla jags" kloka överlevnadsstrategier, men nu är det dags att som vuxen ge tillbaka och ta över ansvaret för er båda. Detta gör att ditt "lilla jag" kan och vågar släppa upp den smärta det bär på, det vill säga släppa ut det som inte fick komma ut när traumat uppstod. Gå nu "in i minnet" (som du minns det, men kom ihåg att detta endast sker energimässigt i detta Nu) och tänk dig att du går fram till ditt gråtande "lilla jag" och tar det i hand, om det vill. Eller bara inled en dialog (tyst i ditt huvud). Tala om vem du är (alltså ditt "lilla jags" vuxna själv). Fråga ditt "lilla jag" hur det känner. [Här brukar komma en känslostorm så står härliga till. Bara att tacka och ta emot och låta det komma upp.] Låt det sedan tala om vad det helst skulle vilja ha från dig. En kram. Kanske vill det att du hjälper det genom att hålla det i handen medan det säger ifrån till kompisarna (som varit dumma), eller så gör du detta åt honom/henne, eller kanske kallar på personalen på förskolan då han/hon inte törs själv.

Lite förslag: Har han/hon bråkat med mamma och är jättearg på henne så säg till honom/henne att "Jag är ditt "vuxna jag" och jag ser att du nu blev väldigt arg men inte känner att du kan visa det för då blir mamma arg...". Låt mamma gå iväg och sen låter du ditt "lilla jag" skrika och frusta hur mycket det vill utan att någon hör. Kanske vill han/hon slå lite i en kudde i sängen eller kasta lite saker i kring sig. [Passa på att känn emotionerna i barnet här om du kan.] Eller så kanske du ser att ditt "lilla jag" är rädd och då kan du säga "Jag ser att du är rädd så om du vill kan jag "säga till" de andra barnen åt dig, eller bara hålla dig i handen så att du kan säga till dem själv vad du innerst inne skulle vilja säga." Har ditt "lilla jag" blivit retad så kanske han/hon vill att du säger åt barnen hur hemskt det är att bli mobbad och att de inte skulle vilja att deras egna syskon blev det eller att du förstår att de själva inte mår bra så de stärker sig själva genom att hacka på någon annan. Du ska inte skuldbelägga de andra barnen utan bara medvetandegöra hur saker ligger till. Lyssna och känn in, styr inte. Kanske ditt "lilla jag" bara vill sitta med dig en stund. Många vill inte göra någon större affär av incidenter utan bara få utlopp för sina känslor och få tryggheten i att veta att de inte är ensamma. Mycket beror ju på vad som skett i den situation som är. Pressa inte. Din blotta närvaro en stund kan vara allt som behövs denna gång och ni behöver lära känna varandra. Det handlar här främst om att barnet ska få hjälp att få utlopp för och hantera det som egentligen behövde komma ut när händelsen skedde. Det ska alltså få den stöttning det behövde då. Om det slagit sig och behövde kärlek så är det exakt det det du nu ska få. En trygg famn att gråta ut i. Att bli lyssnad på om det var vad det inte blev när traumat uppstod. Att kunna känna att det finns förståndiga vuxna som man *kan* lita på. [Återkommer strax till hur förlåtande blir förlösningen.]

Det är alltså viktigt att få barnet att veta att "Du kan vara helt trygg med mig." "Du har gjort tillräckligt." "Du har gjort helt rätt och jag är så enormt tacksam för hur du hanterat allting så bra alldeles själv." "Du är helt oskyldig till allt och jag är enormt stolt över dig."

Att iaktta detta blir en oerhört effektiv och förlösande upplevelse för dig. Du kan, som jag nämnde, också känna in hur ditt "lilla jag" känner sig, exempelvis frustrerat, argt eller ledset och sedan den efterkommande lättnaden när saker löser sig på ett betydligt mer konstruktivt sätt än tidigare då barnet oftast blev lämnat ensamt med sina instängda känslor och inte kunde uttrycka dem så som situationen egentligen krävde. Att som känslig Själ gå på en stor underbemannad förskola kan vara förödande och det behöver inte vara så stora trauman som skett utan egentligen räcker det med den förtvivlan som barnet känner vid separationen varje morgon då det blir lämnat på förskolan. Själv har jag fått ta hand om mitt "lilla jag" som inte fick uttrycka sig spontant och inte ta den plats det behövde, samt blev tvingat att ligga stilla och sova en timme mitt på dagen som jag upplevde som oerhört jobbigt. Jag kunde inte sova utan låg och lyssnade på en massa otäcka ljud som jag inte visste varifrån de kom och fantasin skrämde upp mig något fruktansvärt.

Om du nu ser ditt "lilla jag" framför dig eller rent av håller det i din famn så kan du också få veta saker du inte visste tidigare.

Låt det berätta om hur det upplevde saker. Kanske du helt har missförstått honom/henne då det egentligen inte var syskonet i sig som det var avundsjukt på utan det var helt enkelt bara rädd att bli lämnad ensam då föräldrarna inte riktigt räckte till alla gånger och inte kunde visa samma ömhet till er båda samtidigt. Kanske syskonet hade problem du inte förstod dig på eller var sjukt och du förstod inte föräldrarnas desperation och trötthet utan tog det som att du inte vara lika viktig helt enkelt. Att få veta detta kan förlösa en grundföreställning om att du inte är värdefull eller älskvärd och det blir en Aha-upplevelse som för alltid kommer förändra dig. **Detta är** en hälsning från ditt Sanna Jag. En gåva som via ditt "lilla jag" kommer att göra dig fri från föreställningar om dig själv som värdelös, icke älskvärd, oönskad etc. Säg nu gärna återigen till ditt "lilla jag" att det är tryggt nu, beröm det och låt det veta att det har gjort rätt, att **alla är oskyldiga** och att det nu får gråta ut i din famn om det vill.

Kommer det nu ännu en känslostorm i dig som vuxen så låt det komma. Gråt hejdlöst om det är vad som kommer spontant. Beröm barnet återigen och intyga att allt är bra. Allt är som det ska. Ni har överlevt och nu kommer det aldrig att behöva känna sig ensamt mer, och inte Du heller då ditt Sanna Jag alltid är med dig. Du kommer även med en gåva till ditt "lilla jag" i form av att det är **förlåtet,** då det, som jag varit inne på tidigare, ofta undermedvetet tagit på sig skuld för det som skett. Det kan ha en känsla av att ha svikit sig själv (och då så klart dig) om det inte stod upp för sig själv under förskoleåren exempelvis. Du förlåter hur du själv som vuxen hanterat denna skuld i vardagen genom strategin att skylla på andra, då skulden gjort att offerkoftan kommit på titt som tätt. Ni kan tillsammans förlåta alla inblandade i situationen som orsakat traumat ni tittat på. Detta frigör era kopplingar till dessa personer och du kommer inte bli triggad av detta minne/trauma mer.

Skulle samma minne komma upp igen vid ett framtida processande så är det bara tecken på att det fanns fler perspektiv på händelsen och fler sår och missförstånd som skapades. Alltså finns där ytterligare föreställningar som behöver frigöras. Men, det kan också vara så att ditt Sanna Jag låter dig använda ett enda minne för att släppa/transformera flera olika föreställningar som egentligen formades vid olika incidenter som skett när du var liten. Det är bara att acceptera och följa med i vad som sker utan förutfattade meningar eller förväntningar. Du får alltid fler chanser att processa så länge du behöver. Ha tillit och vet att du är älskad, trygg och hållen.

Som jag var inne på tidigare så är vetskapen om att vi alla är oskyldiga oerhört frigörande. Vi har alla i livet agerat utifrån vår vetskap om hur världen ser ut och de verktyg vi hade till hands. Dessutom ger du ditt "lilla jag" gåvan att förstå att den som gjorde honom/henne illa också är oskyldig. Den personen gjorde sitt bästa med det den hade till hands. Pressa dock inte barnet till att ta in detta, utan bara säg något som att "du gjorde ditt bästa och det gjorde nog _____ också då han/hon nog också var rädd eller mådde dåligt av någon anledning". Det ger sig naturligt om ditt "lilla jag" har förmågan att ta emot denna sanning eller om det blir tveksamt. Barnet behöver inte säga "förlåt" rent ut utan i och med att det själv blir förlåtet som oskyldigt så kommer det att se sin förövare i ny dager också, om det kan. Det viktigaste är att du tänker det.

När gråten lugnat sig och ditt "lilla jag" nu fått veta att det är oskyldigt och förlåtet samt förstått att det gjort sitt bästa så är det dags att omfamna det och tacka för allt det gjort för dig. Ni är ett team precis som du och ditt Sanna jag. När Du nu i form av ditt vuxna Rätta Jag (Kungen/Drottningen i ditt liv) börjar lyssna på ditt "lilla jag", det vill säga den som fick ta emot stötarna när du var liten, så innebär det att du samtidigt synkroniserar ditt Sanna Jag, ditt vuxna jag/Rätta Jag och ditt "lilla jag". Ni ska med tiden bli En balanserad och harmonisk individ.

Avslutar A.N.D.A.S. gör du på samma sätt som Ä.L.S.K.A.D. genom att andas in genom näsan och ut genom munnen. Verkligt djupa andetag. Andas sedan bara genom näsan fast du dra in dina vackra kristallina gnistrande energier genom hjässan, ner i hjärtat och sen ut i kroppen så att varje lem fylls till bristningsgränsen av detta sprakande ljus. Känner du dig omtumlad och lite öm så är det som jag tidigare sagt helt som det ska och det lägger sig strax (kan ta någon timme, eller mer).

Om du kan så känn in att du är en stark, medveten, suverän individ med förmågan att ta hand om dig själv och har förmågan att förändra ditt liv till vad du än önskar. Ditt Rätta Jag har nu växt i medvetande och du har kommit ditt Sanna Jag betydligt närmare. Resan är påbörjad eller fortgår. Och har du möjlighet så rör du nu lite på dig också. Stretchar, dansar eller bara skakar av dig lite.

Egna processer

Har du inte redan gjort det så föreslår jag att du nu gör egna korta beskrivningar eller stödord för processerna som passar dig. Dels så att du kommer ihåg vad du ska göra när det väl blir dags att jobba med emotionerna, men även så att du får ett stöd för just ditt processande. Som jag sagt tidigare ... det går egentligen inte att göra fel bara du håller Egot borta under tiden du jobbar med att transformera. [Jag ursäktar redan nu om det är så att jag upprepar mig mycket här, men vi är så vana och så programmerade till att följa vårt Ego att det verkligen behöver ske omstrukturering på alla plan och då krävs det ofta att man blir övertygad genom att man får flera infallsvinklar på samma sak, eller helt enkelt normalisering genom upprepning.] Det är dock helt naturligt att Egot vill lägga sig i då detta arbete går emot allt vad det står för. Håll dialogen igång i din vardag och bli vän med ditt Ego, men under processande behöver du be det att sätta sig i baksätet och vara tyst en stund. Intyga att du ät trygg och kan hantera de smärtor som kommer. Ditt Sanna Jag ser nämligen till att du inte får mer än du klarar av. Med tiden kommer du känna glädje över hur emotionerna river och sliter i dig då du vet att nu händer det grejer och du blir av med falska föreställningar för gott.

Jag föreslår att du, nu eller eventuellt när du läst ut boken, skriver en komihåglista för de båda processerna som tagits upp i denna bok. De är verktyg som kommer att ge dig snabbast avancemang i spelet men även de som kräver en del mod. Att ha en punktlista att följa kan ju kännas som ett litet stöd ändå.

Skriv alltså först ut en kort komihåglista för Ä.L.S.K.A.D. med egna ord. Jag skriver här en liten lista som förslag på hur den kan se ut, men det viktiga är att du får med det som just Du behöver stöd med. Är du rädd för vad som kan tänkas komma upp i form av minnen? eller är just känslornas styrka det som skrämmer dig mest? Har du ett väldigt tjatigt Ego som försöker tala om för dig att detta är trams och det är bättre att bara kämpa på då smärtorna annars kanske blir än mer outhärdliga framöver. Viktigt alltså att få med stödord som hjälper just dig. Kanske du klarar dig med att skriva ner just bara punkterna i Ä.L.S.K.A.D. och sedan jobba intuitivt, ja, då är det helt perfekt för dig. Eller du kanske tar den listan och lägger till lite anteckningar i kanten bara så att du ska komma ihåg det som du behöver när du är mitt uppe i en process och ditt Ego avbryter dig.

Komihåglista för processen Ä.L.S.K.A.D.

1. Andas.
2. Jag är älskad, trygg och hållen.
3. Slappna av i tillit och känn, känn, känn.
4. Jag är oskyldig och gjorde mitt bästa (då och nu). Tankar göre sig icke besvär.
5. Fokus på emotionerna/energierna – kommer minne upp gör A.N.D.A.S.
6. Känn/se energierna vandra. Hur känns de? Hur ser de ut? (Håller Egot borta.)
7. Transformation sker oavsett om jag upplever det eller inte. Kan inte göra fel!
8. Energier ut genom munnen eller via hjässan och Kristallträdet, och blir osynliga.
9. Om Ego-tanke kommer -> älskad, trygg och hållen i mitt Sanna Jags famn, fokus.
10. Känn, känn, känn tills hunger eller neutral tanke kommer.
11. Minns nu att allt som skett har haft ett syfte och att allt är som det ska.
12. Andas djupt in genom näsan och ut genom munnen. Öm i bröstet? Släpper snart.
13. Tack universum! Tack mitt Sanna Jag! Jag är grym! Dansa!

Återigen, listan ovan är bara ett förslag och du behöver känna in själv vad du behöver ha för stöd. I vilka skeenden blir det besvärligt för just dig? Är det Egot som är bekymret så lägg in någon punkt som hjälper dig komma att ihåg vad du ska göra om Egot lägger sig i. Exempelvis att du poängterar "vem du är", att "ditt Sanna Jag har koll" och upprepar flera gånger att du alltid är älskad, trygg och hållen, eller kanske att "misslyckas med detta går inte" då du redan gjort framsteg genom att ha dragit igång processandet. Med tiden kommer detta processande att gå lätt utan stöd av minneslistor. Själva transformerandet av emotionerna är en process kroppen intuitivt kan och redan har gjort i alla år, exempelvis när du faktiskt *fått* stöd och du *fått* gråta ut i någons famn, eller skrikit ut din förtvivlan utan att göra någon skada på något sätt. Det du nu ska lära dig är bara att själv hålla Egot borta och våga släppa upp det som tryckts undan på grund av olika omständigheter och oftast då i tidig barndom.

Komihåglista för processen A.N.D.A.S.

1. Andas.
2. Acceptera att något traumatiskt hänt, men jag är älskad, trygg och hållen.
3. Fokusera och gå in i minnet helt utan förväntningar på dig eller ditt "lilla jag".
4. Vet att detta inte sker fysiskt men ändå är på riktigt.
5. Upprätta en dialog. Presentera dig som ditt "vuxna jag" för ditt "lilla jag".
6. Iaktta. Lyssna. Ni är trygga. Bistå med det du kan.
7. Alla är oskyldiga och förlåtna ur ditt perspektiv, även om han/hon inte kan förstå.
8. Låt förlösning ske, i barnet och i dig. Låt känslorna/emotionerna flöda.
9. Om barnet vill, omfamna varandra och gråt ut.
10. Beröm och tacka ditt "lilla jag" som gjort allt rätt, så att ni nu funnit varann igen.
11. Aldrig ensam mer.
12. Lyssna. Har ditt "lilla jag" något att berätta? Vill det leka? Gör vad det önskar.
13. Intyga igen att ni nu alltid finns för varandra och säg "Hej då".
14. Minns nu att allt som skett har haft ett syfte och att allt är som det ska.
15. Andas djupt in genom näsan och ut genom munnen.
16. Tack mitt älskade "lilla jag" Tack mitt Sanna Jag! Jag är grym! Dansa!

En bra punkt att ha med på listan du gör är att påminna dig själv om att berömma ditt "lilla jag". Tala om hur förståndigt det varit. Men lika viktigt är faktiskt att berömma dig själv för att du nu börjat se sitt "lilla jag" och dess behov av att få utlopp för de känslor som det inte kunde ge utlopp för när det traumatiska skedde för många år sedan. Ni blir båda av med instängda emotioner och ditt vuxna jag blir på så vis mer av sitt Sanna Jag utan de strategier för överlevnad som tidigare hållit det vid liv. Det vill säga de begränsande föreställningarna om att vissa saker är farliga och att människor är opålitliga etc., kommer inte längre att hindra dig från att leva fullt ut som ditt Rätta Jag likt den Kung/Drottning du faktiskt är.

Du gör dessa listor så gott du kan eventuellt redan innan du sätter dig första gången för att processa. De kommer dock garanterat behöva justeras, alternativt så jobbar du utan listor och helt enkelt följer vad som sker och intuitivt i tillit till ditt Sanna Jag bara låter allt flöda på. Var då bara uppmärksam på om Egot sätter käppar i hjulen, men skulle det ske så har du kanske några understruka rader i boken att luta dig mot.

*I detta arbete och i allt du gör framöver så är det oerhört viktigt att du förstår att du inte kan misslyckas eller göra "fel". Om du bara kommer så långt som att när du känner att något inte känns bra och du, även om du hunnit säga några dumma saker till någon först, ändå efter en stund **inser** vad som skett och förstår att det är något i dig du behöver se, acceptera, förlåta, släppa och älska, så har du redan där gjort ett jättejobb. Det som har störst betydelse är att du i och med detta slutar döma andra och din omgivning för vad som hänt och händer dig. Du börjar ta ansvar och skickar då signaler till ditt Sanna Jag och universum att du nu är redo att växa upp och är intresserad av att få veta mer om vem du egentligen är innerst inne bakom alla fasader som din personlighet består av. Så fort du bara* accepterar och vågar börja känna in vad ditt "lilla jag" behöver släppa ut så kommer det börja gå lättare och lättare.

För förtydligande så är det så att under din resa hem till dig så behöver inte ditt "lilla jag" bli direkt involverat genom processen A.N.D.A.S. (om nu inte minnesbilder kommer upp) då ditt "lilla jag" även befrias från sina trauman varje gång du gör processen Ä.L.S.K.A.D. Likaså är det även förlösande för ditt "lilla jag" när du jobbar med dina tankar kring hur saker fungerar och skaffar dig ny förståelse av hur verkligheten egentligen är beskaffad, hur du påverkar ditt liv genom dina känslor och tankar samt hur egentligen ingenting utanför dig kan avgöra hur du upplever något som bra eller dåligt. Du får även då Aha-upplevelser som rör din personlighet och som möjliggör transformation på energiplanet.

Att allt detta förlösande arbete fungerar blir klarare och klarare för dig när du märker att saker inte längre triggar dig utan du kan bli påhoppad i matkön utan att få en sömnlös natt efteråt på grund av att ditt Ego försöker fundera ut varför detta drabbat just dig och hur du ska kunna undvika att det sker igen. Att folk beter sig illa vet du nu inte har med dig att göra, och att varje tillfälle som detta framöver bara blir en möjlighet att bevisa för dig själv hur långt du kommit i ditt arbete, plus att du kan göra en tjänst för världen i stort genom att bara le tillbaka och vara hjälpsam på det sätt som passar situationen bäst. Alla händelser är en gåva från ditt Sanna jag och sker alltid till din fördel oavsett vad du tror. Antingen triggar det dig och påminner dig om att du har något du behöver inse om dig själv och ditt "lilla jag" eller så är det en chans att se hur du vuxit som person och kan erbjuda världen något, vilket i sin tur ger dig en skön känsla. Det är vad vi gör med händelserna som är det viktiga, men vi ska veta att de alltså alltid i förlängningen är till vår fördel. [Plus att du i den stora väven av intriger också är *medskapare och hjälper andra att få det de behöver för sin expansion.]*

Väljer vi att börja jobba med universum och segla medvinds så kommer det att kännas som en betydligt behagligare resa, även om det är lite jobb med att, så att säga, vända skutan. Lite svett och tårar krävs men är värt det, och belöningarna kommer ganska snabbt. Målet är att kunna vara en förebild för sin omgivning, och belöningen är att kunna leva i total villkorslös kärlek där du formar din upplevelse medvetet i varje Nu.

Det ultimata testet i IRL

[Till viss del utdrag från boken "Tänk om …/!".]

Vill här också under egen rubrik ta upp en övning jag själv gjort ett antal gånger för att verkligen testa min överlevnadsförmåga samt utmana livet i sig. Detta har jag inte gjort under en period av stark ångest men när jag känt uppgivenhet, väldigt låga känslor eller lätt ångest. Det svarta hålet i bröstet har varit stort men jag har då utmanat genom att i meditationsläge, det vill säga genom att sittande eller liggande rakryggad med tungan i botten på munnen och handflatorna uppåt börjat andas så djupt jag kan (vilket inte alltid blir så djupt i detta tillstånd) in och ut genom näsan, och sedan låtit mig själv falla ner i hålet. Jag är själv höjdrädd och att hoppa från trean i simhallen var en stor utmaning under skolåren, men ändå något jag utsatte mig för (eller snarare läraren tvingade mig till), och nu kan jag alltså hämta upp känslan av att falla handlöst. Jag slänger mig dessutom raklång baklänges ner i avgrunden. Jag vet att jag är trygg och hållen av mitt Sanna Jag, och vad som än händer så är allt som det ska.

Skulle du inte känna igen dig alls i detta med ett svart hål i bröstet så hoppa bara över denna övning. Det är inte alls så att alla behöver utmana på just detta sätt utan alla har sin väg att gå. [Läs dock gärna igenom texten en gång för ökad förståelse.]

Vad händer? Jag har den hisnande känslan under en tid men ganska snart avtar den och jag märker att jag blir som ETT med det svarta havet i kring mig. Jag frågar mitt Sanna Jag om jag nu slutar existera men svaret blir alltid "Nej, tvärtom". Jag är nu hållen i en oändlig famn av allt som är och jag får även känslan att det är här vi ALLA hamnar när vi faller och då är vi ju alla ETT i detta tidlösa icke-fysiska tillstånd. Den totala ensamheten är egentligen den totala tillhörigheten eller ETT-heten.

Jag låter mig själv vara där så länge det går eller tills jag börjar känna hunger eller Egot säger att nu har du viktigare saker att göra. Depressiva tankar eller ångestkänslor är som bortblåsta för denna gång och det går att andas normalt igen. Jag överlevde och det är budskapet och visdomen jag tar med mig.

Bli nu inte undrande om dina upplevelser inte alls liknar mina när du gör denna övning. Vi är alla unika och våra Sanna Jag jobbar olika, och din resa är inte helt lik min resa. Det viktiga är att om du vågat göra detta test så har du utmanat döden, och även om du fortafarande känner rädslor så har du ändå nu gjort ett stort hopp i din utveckling och belöningarna kommer visa sig sakta men säkert, eller snabbt och tydligt märkbart. Allt är okej. Beröm dig själv. Släpp gärna in de vackra kristallina gnistrande energierna genom hjässan om det känns bra. Du har överlevt och det är, som sagt, detta som är det viktigaste budskapet och visdomen du får med mig.

Denna övning gjorde jag med jämna mellanrum under början av mitt arbete med att läka ut mina trauman och är ett tag sen nu. Det jag funnit är att rädsla för död och ensamhet är i stort sett borta och när jag nu forskat lite i ämnet så har jag förstått att hur märkligt det än låter så är den där svarta avgrunden egentligen ett riktigt "svart hål" eller så nära en liknelse av ett sådant man kan komma. Saken är att svarta hål egentligen inte är tomma svarta hål utan de är fulla av allt. Dragningskraften är så total att ingenting kan lämna som väl kommit för nära och dragits in i det. Det intressanta är att ett svart hål i förlängningen blir vita hål, eller snarare inverterade och istället slungar ut allt. Som jag varit inne på tidigare så går allt i cykler eller spiraler och sanningen är att där ingenting tros existera där existerar allt. Svarta hål är dessutom kvarvarande kroppar av supernovor, det vill säga exploderande stjärnor.

Min konklusion har blivit att vi bär inom oss små solar som är delar av alla universums solar. Vi är alla materia av samma stoft, och precis som vi har dinosauriekiss i våra kroppar i form av det cirkulerande vattnat på vår jord så har vi stjärnstoft i oss från exploderande stjärnor i universum. Det elektromagnetiska fältet genomsyrar allt, och materia som skapas av tankemönster och intentioner från våra Sanna jag blir till människor, gräs och kameler.

SLUTKOMMENTARER

Iaktta vad som sker med dig när du jobbar med dessa processer. Skriv gärna ner efteråt vad som fungerade bra eller inte. Jobba med dina egna komihåglistor och finn din väg att arbeta med dig själv. Det går också alldeles utmärkt att bara improvisera. Det viktiga är att du *inte* ältar saker samtidigt, som exempelvis tankar som "vem sa vad?" eller "varför gjorde han eller hon si eller så?", "Kunde jag sagt/gjort annorlunda?". Du har då låtit Egot komma in med diverse tankar. Om du exempelvis får upp ett minne som är från tidiga tonår istället för ett äkta barndomsminne så kommer de nämnda frågorna garanterat upp då det under den perioden handlar väldigt mycket om vad andra tycker om en och man försöker hitta en identitet. Dyker det dock upp ett tidigt barndomsminne (0 till cirka 7 år) som du tror kan vara avgörande, ja, då kan du göra A.N.D.A.S. och frigöra rotorsaken till dina missförstånd och falska begränsande föreställningar.

Skulle övningarna i denna bok kännas besvärliga så har jag som jag nämnt tidigare en annan bok vid namn "Tänk om .../!" där det ingår olika skrivövningar som handlar om att du, genom att du svarar på frågor, avslöjar dina begränsande föreställningar. Detta är nämligen också en framkomlig väg att gå för att börja må bättre, om än dock mer tidskrävande och mindre effektiv. Som första instrument och ett sätt att lära känna sig själv kan det dock vara en utomordentlig början. De Aha-upplevelser dessa övningar ger är att likna vid ett förlösande av dammtussar som vi här tagit upp, men alltså på ett betydligt mindre effektivt sätt, samt att det under sådant arbete kan vara väldigt lätt att Egot lägger sig i vilket alltså försvårar läkande. Har du fått igång din inre dialog så är det dock inget jag avråder ifrån, tvärtom. Särskilt om du har rädslor för att släppa upp känslor så kan detta, som sagt, vara en bra början.

Övning ger färdighet heter det ju och det gäller även detta arbete, men det går fort framåt och belöningen är ju ovärderlig. Du får ett helt nytt liv och du kommer dessutom kunna skapa det efter eget tycke och smak. Om du under resans gång börjar föra lite journal eller skriva dagbok så kan det vara ett sätt för dig att se förändringar i dina tankemönster. Det ger dig möjlighet att reflektera och det behöver inte vara många meningar och inte varje dag. Ställ dig frågor som "Har jag grälat idag?", "Har jag överreagerat på något idag?", "Har jag skyllt på något/någon idag?", "Har jag idag missat att ta ansvar?". Viktigt här nu är att du inte dömer dig själv om svaret blir "Ja" på någon av frågorna, utan du tackar för upplevelsen och den insikt den kommer att ge framöver. Än viktigare dock är att du lägger märke till *när* du nu faktiskt tog ansvar och tänkte annorlunda än ditt gamla jag hade gjort. Heja dig! [Kommer starka känslor, processa.]

Vill också tillägga att när du kommit en bit märker du att du kan leva mer autentiskt i varje Nu och det gäller även känslomässigt (att du vågar känna dina känslor). Du behöver inte förställa dig i alla situationer. Gör du det så kommer du märka det och känna dig falsk och kanske dränerad på energi efteråt. Att leva autentiskt är målet med det hela då du då lever mer och mer som ditt Sanna Jag och är kopplad till ditt hjärta på ett helt nytt sätt. De flesta lever från hjärnan i dagens samhälle då det är det vi fått lära oss är vad som är eftersträvansvärt. Vi ska *tänka ut* hur vi ska leva istället för att känna med hjärtat vad som är rätt väg att gå (det vill säga använda vår intuition betydligt mer än vad vi gör). Forskning har faktiskt konstaterat att även hjärtat har hjärnceller och ett eget nervsystem. Det går alltså även signaler till hjärnan från hjärtat. Vi behöver hjärnan för mycket men långt färre saker än vi tror, och när du skapar i harmoni med ditt Sanna Jag har du koll på vad du önskar (sänder ut), och dessutom med hela universums kraft bakom dig. Ingenting blir omöjligt. Din lampa blir renare och renare och du själv blir till slut ETT med dess Ande, ditt sanna Jag.

Det som visar sig vartefter är att det du har i kring dig både vad gäller saker, upplevelser och människor, kommer i andra hand. Vi människor skapar vår värld inifrån och ut så när polletten väl ramlat ner och du kan förstå att det är en spiral av vad du tänker (baserat på föreställningar) som via känslorna skapar det du upplever på utsidan, och att det sedan är vad du gör med det som kommer tillbaka som är det som skapar din framtid, så står det klart för dig att du har kraften i dig att omforma ditt liv. Du kan genom att ta ansvar för dig själv och dina responser helt ta kommandot över ditt liv. Du blir inte längre ett offer för omständigheter, vilket du egentligen aldrig varit, men det ditt Ego fått dig att anamma som en överlevnadsstrategi. Vi har fått lära oss att reagera och skydda oss. Vara förberedda på olycka och hoppas på det bästa. Vi har lämnat över makten över våra liv, men genom att lära känna vårt Sanna Jag och fokusera på vad vi verkligen vill skapa så förändras allt. Din inställning till livet och din ökade förmåga att visualisera och fokusera på vad du verkligen önskar skapa är A och O. [För mer ingående resonemang kring hur verkligheten kan ses vara beskaffad så rekommenderar jag att du läser "Tänk .../!". Förutom mer kött på benen kring hur individer kan utvecklas, så förklaras där begrepp och min syn på livet både vidare och djupare.]

När vi lever som vårt Rätta Jag i balans med Egot och vårt Sanna Jag, vet vilka vi är samt känner samhörigheten med Alltet, så blir vi inte längre påverkansbara av vad som sker i kring oss. Vi kan stå starka i oss själva och i vår suveränitet. Vi behöver inte validering från andra utan älskar oss själva som vi är och tar våra beslut utifrån vad vår intuition säger oss är rätt. Vi ger heller inte av oss själva på bekostnad av vårt eget mående. Har vi energi och kärlek till övers, vilket då ofta är fallet, så ger vi gladeligen, men har också förmågan att säga "Nej" utan att få dåligt samvete. Du kan inte släcka andras törst om din egen hink läcker som ett såll och aldrig fylls på helt.

Hoppas nu innerligt att du kommer få många Aha-upplevelser så att du kan börja älska dig själv och andra fullt ut, samt uttrycka den "unikhet" du bär inom dig som Anden i din enastående vackra Lampa.

Gå nu ut i världen som ditt Rätta Jag, medveten om ditt Sanna jag och med dessa ord i ditt hjärta...

Jag är oskyldig
Jag dömer inte
Livet är en gåva

Jag är dessutom alltid **ÄLSKAD**, **TRYGG** och **HÅLLEN**.

Från mitt Hjärta till ditt,
Charlotte E "